De la part d'un ami

Données de catalogage avant publication (Canada)

Robbins, Anthony

De la part d'un ami

Traduction de: Notes from a friend

ISBN 978-2-89225-297-2

1. Succès – Aspect psychologique. I. Titre.

BF637.S8R55614 1996 158'.1 C95-941199-2

Cet ouvrage a été publié en langue anglaise sous le titre original:
NOTES FROM A FRIEND
Published by Simon & Schuster, First Fireside Book, Rockefeller Center, 1230 Avenue of the Americas, New York, NY 10020

Dépôts légaux: 4e trimestre 1996
Bibliothèque nationale du Québec
Bibliothèque nationale du Canada
Bibliothèque nationale de France

Conception graphique de la couverture:
SERGE HUDON

Photo de la couverture:
BILL BERNSTEIN

Version française:
LARA VAN DEXEYL

Photocomposition et mise en pages:
COMPOSITION MONIKA, QUÉBEC

978-2-89225-297-2

(Édition originale: ISBN 0-684-80056-X, First Fireside, New York)

IMPRIMÉ AU CANADA

Anthony Robbins

De la part d'un ami

Un guide simple et pratique
pour vous aider
à prendre le contrôle de votre vie

Les éditions Un monde différent ltée
3905, rue Isabelle, bureau 101
Brossard (Québec)
Canada J4Y 2R2
Tél. : 450 656-2660
Site Internet : *http://www.umd.ca*
Courriel : *info@umd.ca*

«Le message de Tony vient droit du cœur: c'est en faisant preuve de bonté envers les autres que nous pouvons, nous aussi, nous élever.»

Ted Danson, acteur et président de la Campagne américaine de sauvegarde des océans.

«Que Dieu bénisse Tony Robbins pour le courage dont il fait preuve en nous faisant part de ses propres luttes.»

Christauria Welland Akong, Organisme de secours aux émigrants, à San Diego, Californie.

«Plus qu'un ami prêt à vous soutenir, ce livre est un guide indispensable qui vous aidera à prendre en main votre destin!»

Arnold Schwarzenegger

«Ce livre porte bien la griffe d'Anthony Robbins... Il résume parfaitement les concepts ayant trait à la réalisation du potentiel humain de façon simple et pratique»

James Redfield, auteur de *La Prophétie des Andes*

«La bonté, la passion et la détermination de Tony sont une source d'inspiration. Cet ouvrage vous permettra de prendre réellement le contrôle de votre destinée et de faire également profiter les autres de vos nouvelles connaissances»

Dr Kenneth Blanchard, coauteur de *Sports versus Affaires* et *Le manager minute*

Je dédie ce livre à tous ceux qui ont compris que l'amour est le plus grand don que la vie puisse leur faire et pour qui la plus grande joie sur terre est de le partager.

Je tiens tout particulièrement à remercier les bénévoles et le personnel de la Fondation Anthony Robbins dont les efforts incessants permettent de sauver et d'améliorer des vies.

Quelques mots à propos de ce livre

De la part d'un ami, publié pour la première fois en 1991 par la Fondation à but non lucratif Anthony Robbins, est basé sur des anecdotes et des concepts tirés des deux best-sellers d'Anthony Robbins: *L'Éveil de votre puissance intérieure* et *Pouvoir illimité*. Dans ce petit livre, conçu et écrit pour inspirer et aider toute personne «vivant des moments difficiles», Anthony Robbins a cherché à simplifier le contenu de ces deux ouvrages plus volumineux. L'auteur donne quelques conseils simples qui permettent aux lecteurs d'améliorer immédiatement leur qualité de vie.

Outre les efforts déployés annuellement par sa Brigade des paniers, la Fondation distribue ce livre gratuitement à des familles et à des personnes dans le besoin. Cette initiative qui se déroule à la fois aux États-Unis et au Canada fait partie d'une démarche bénévole visant à fournir de la nourriture, des vêtements et d'autres moyens de subsistance aux personnes dans le besoin pendant les fêtes de l'Action de grâce*.

La totalité des droits d'auteur de cette nouvelle édition sera remise à la Fondation Anthony Robbins afin de soutenir les efforts de sa Brigade des paniers et de financer d'autres actions bénévoles. Pour plus de renseignements au sujet de la Fondation, veuillez consulter le chapitre intitulé: *Quelques mots sur la Fondation Anthony Robbins*, à la fin de ce livre.

* **Jour d'Action de grâce**. Proclamé «journée entièrement consacrée à rendre grâce au Dieu Tout-Puissant pour tous les bienfaits qu'il a prodigués au Canada», le Jour d'Action de grâces tient son origine de trois traditions: les fêtes de la moisson qui, pour la paysannerie européenne, avaient comme symbole la corne d'abondance; la stricte observance de la solennité chrétienne, telle que célébrée en 1578 dans l'Est de l'Arctique par Martin FROBISHER(le premier jour d'Action de grâces en Amérique du Nord); les festivités organisées par les pèlerins du Massachussets en 1621 à la fin des premières moissons (depuis lors, les plats traditionnels de l'Action de grâce sont la dinde à l'américaine, la courge et la citrouille). La fête fait son apparition en Nouvelle-Écosse dans les années 1750. À la fin de la GUERRE DE SEPT ANS (1763), les citoyens d'Halifax célèbrent l'événement par une journée d'action de grâce. Les Loyalistes ont introduit la fête en diverses régions du Canada.

Mais le 31 janvier 1957, le Parlement proclame l'observance de l'Action de grâce au deuxième lundi d'octobre. E.C. DRURY, le premier ministre de l'Ontario, surnommé «Farmer-Premier», se plaignait que la fête des agriculteurs avait été «volée par les gens de la ville» afin d'obtenir un congé en cette belle période de l'année.

David MILLS

Extrait de *L'encyclopédie du Canada*, tome 2, Éditions Internationales Stanké, pp. 1025-1026.

Merci!

Merci de l'investissement que vous faites en achetant ce livre. En décidant de vous donner les moyens d'améliorer votre propre vie, vous contribuez en même temps au mieux-être d'autres personnes. Votre contribution s'ajoute aux efforts de la Fondation d'aide bénévole Anthony Robbins dont les objectifs sont de nourrir, d'éduquer et de fournir diverses ressources à plus de 150 000 personnes dans le besoin, au Canada et aux États-Unis.

J'ai écrit ce livre, il y a maintenant de nombreuses années, dans un style simple et accessible à tous, pour appuyer les efforts déployés chaque année par tous les membres de la Brigade des paniers de la Fondation Anthony Robbins, lors de la célébration du jour de l'Action de grâce. Comme vous le constaterez à la lecture de ces pages, cette fête est par ailleurs très importante à mes yeux. C'est non seulement une tradition nationale pour les Américains et pour les Canadiens, mais c'est aussi une fête traditionnelle pour moi. C'est le moment de l'année où j'éprouve, plus que jamais, un sentiment de gratitude pour les bienfaits dont la vie me comble; sentiment dont je veux faire aussi profiter les autres en leur tendant la main.

En fait, le titre de ce livre reflète bien mon intention: quelques mots et suggestions de la part d'un ami, à lire dans les moments où vous serez à court d'inspiration. On y fait quelques recommandations à ceux qui gagneraient à se remémorer certains principes de vie fondamentaux, ainsi que des suggestions stimulantes pour relever plus facilement les défis de la vie.

J'ai constaté avec une pointe d'ironie que ce petit livre, en raison de sa simplicité, plaît tout autant aux milliers de bénévoles chargés de le distribuer qu'à ceux à qui nous l'offrons. De nombreux bénévoles réclament leur propre exemplaire pour redécouvrir les principes et vérités essentielles pour bâtir une vie harmonieuse. De plus, quelques enquêtes personnelles m'ont prouvé que beaucoup de gens ne lisent jamais mes ouvrages plus volumineux, *Pouvoir illimité* et *L'Éveil de votre puissance intérieure*, car ils se laissent impressionner par l'épaisseur de ces deux livres (plus de 400 pages chacun).

C'est pourquoi, dans cette optique, j'ai décidé de mettre à jour et de publier à nouveau *De la part d'un ami* pour le grand public. Si vous faites déjà partie du nombre de mes fidèles lecteurs, cette philosophie vous est certes déjà familière, mais ce livre produira tout de même sur vous un effet très particulier et vous permettra de découvrir de nouvelles perspectives car il est de lecture facile. Si c'est la première fois que vous lisez un de mes livres, j'espère que cette introduction vous divertira et je vous encourage à jeter un coup d'œil sur les ouvrages dont j'ai tiré *De la part d'un ami*.

Nous avons tendance à oublier que nous devons tous, tôt ou tard, affronter des moments difficiles où nous sommes ballottés par les événements et les circonstances, et où nous semblons avoir peu de contrôle sur notre vie. Parfois, *nous nous sentons* tout simplement dépassés par les événements. Le fait d'être licencié et de se retrouver soudainement sans travail, même si nous avons toujours un toit et que nous jouissions de l'affection de nos proches, peut susciter en nous un profond sentiment de perte et de vide. D'autre part, les défis que la vie nous lance peuvent nous sembler si formidables que nous en oublions souvent les frustrations de ceux qui nous entourent.

Et pourtant, nous ne sommes pas seuls. Apprendre à être plus sensibles et à tenir compte des difficultés affectives de notre entourage fait aussi partie de la réussite dans la vie. Cela décuple notre sentiment de gratitude envers la vie et même envers les obstacles que nous devons surmonter. En fin de compte, le seul moyen de profiter pleinement de la vie, c'est de vivre en état de gratitude constante et d'apprécier ce que nous avons et ce que nous pouvons donner. Et le meilleur moyen d'assurer notre propre bonheur, c'est d'aider les autres à trouver le leur.

En lisant ce livre, vous faites en même temps un don important. En tant que «membre honoraire» de notre Brigade des paniers, vous contribuez aux efforts que nous faisons pour offrir plus que de la nourriture. *De la part d'un ami* stimule la réflexion et offre une perspective simple de la vie, tout en suggérant des pistes à suivre pour la transformer et l'embellir.

Merci de votre aide. J'espère que ce livre vous permettra non seulement d'améliorer considérablement la qualité de votre propre vie, mais également d'aider les autres.

Table des matières

Que se passerait-il si, dans les pages qui suivent, vous appreniez à mettre en pratique quelques techniques simples pour vous sentir plus heureux, pour mieux gagner votre vie, ou pour améliorer votre situation, dans presque tous les domaines ?

Introduction

Histoire d'un généreux inconnu

Il y a de nombreuses années, le jour de l'Action de grâce, une jeune famille se réveilla, envahie d'un obscur pressentiment. Bien loin d'être remplis de gratitude face à ce que leur réservait cette journée, les membres de la famille s'inquiétaient de leurs faibles ressources. Au mieux, ce jour de «réjouissances» ne leur apporterait sans doute qu'un repas peu copieux. S'ils avaient fait appel à un organisme de charité, on leur aurait certainement offert une dinde garnie, mais ils ne l'avaient pas fait. Pourquoi? Car, comme bien d'autres familles, ils avaient leur fierté. Ils comptaient se débrouiller avec leurs maigres moyens.

Cette situation pénible ajoutait à leur frustration et à leur désespoir. Puis survint l'irréparable: le père et la mère échangèrent des propos durs. L'aîné de la famille, complètement anéanti, assistait impuissant à la colère et à la dépression qui accablaient les êtres qu'il aimait le plus au monde.

C'est alors qu'intervint le destin. On frappa soudain à la porte! Le fils aîné l'ouvrit et un homme de grande taille, aux vêtements fripés, le salua. Il arborait un grand sourire et portait un énorme panier rempli des mets traditionnels de l'Action de grâce: une dinde, de la farce, des tartes, des patates douces, des conserves, bref, tout ce qu'il fallait pour un jour de festin!

La famille contemplait tout cela, abasourdie. L'homme qui se tenait sur le seuil leur dit: «Ceci vous est envoyé par quelqu'un qui sait que vous êtes dans le besoin et qui veut que vous sachiez qu'on vous aime et qu'on pense à vous.» Tout d'abord, le père ne voulut pas accepter le panier, mais l'homme ajouta: «Écoutez, je ne suis que le livreur.» Puis, en souriant, il mit le panier dans les bras du jeune garçon, fit demi-tour et repartit comme il était venu en s'écriant: «Bon jour d'Action de grâce!»

À ce moment précis, la vie de ce jeune homme changea pour toujours. Grâce à ce simple geste généreux, il apprit que l'espoir est éternel et que les gens – y compris les parfaits inconnus – se préoccupent du sort de leurs semblables. Il en ressentit une telle gratitude et fut si profondément ému qu'il se jura de faire preuve d'autant de générosité le jour où sa situation le lui permettrait. À peine avait-il atteint ses 18 ans que le jeune homme tenait déjà sa promesse. Avec ses maigres économies, il acheta des provisions dans une épicerie, non pas pour lui, mais pour deux familles en détresse qui manquaient de nourriture. Il les leur apporta ensuite lui-même, vêtu d'un vieux jean et d'un tee-shirt, en se faisant passer pour un livreur. Lorsqu'il arriva à la première maison délabrée, une femme d'origine latino-américaine lui lança un regard soupçonneux. Elle était mère de six enfants et son mari venait de les abandonner quelques jours auparavant. Ils n'avaient rien à manger.

Le jeune homme lui dit: «J'ai une livraison pour vous, madame.»

Puis, il alla vers sa voiture et en sortit des boîtes et des sacs remplis de victuailles qu'il porta dans la maison: une dinde, de la farce, des tartes, des patates douces et des conserves. La femme restait là bouche bée, sous le coup de la surprise. En voyant toute cette nourriture, les enfants se mirent à pousser des cris de joie.

La jeune mère, qui baragouinait à peine l'anglais, saisit le jeune homme par le bras et se mit à l'embrasser en disant: «Vous, don du ciel, vous, don du ciel!

«Non, non», fit le jeune homme. «Je ne suis que le livreur. Ça, c'est le cadeau d'un ami.» Puis il lui tendit un morceau de papier sur lequel était écrit:

«De la part d'un ami. Réjouissez-vous et profitez de ce jour d'Action de grâce. Votre famille et vous le méritez bien. Sachez qu'on vous aime. Et si vous en aviez un jour l'occasion, ayez la gentillesse d'en faire autant pour quelqu'un d'autre.»

Tout en parlant, le jeune homme continuait d'apporter d'autres sacs remplis de provisions. L'excitation, la joie et l'amour atteignirent alors leur paroxysme. Au moment de partir, des sentiments d'affection et de dévouement envahirent le jeune homme et lui arrachèrent des larmes d'émotion. Alors qu'il s'éloignait dans son véhicule, il jeta un coup d'œil dans son rétroviseur sur les visages souriants de la famille qu'il avait eu le privilège d'aider et sentit qu'il était revenu à son point de départ, que ce «terrible» jour de son enfance avait été en fait un don du ciel, et lui avait enseigné à s'épanouir en servant les autres.

Par ce geste simple, il s'acquittait de la mission qu'il poursuit jusqu'à ce jour: rembourser la dette que sa famille et lui avaient contractée envers le destin, tout en rappelant aux gens qu'il est toujours possible d'influer sur le cours des événements, qu'on les aime et que – par de simples gestes, un peu de compréhension et un plan d'action très concret – tous les défis comportent des leçons profitables et l'occasion d'évoluer et de trouver le vrai bonheur.

Comment se fait-il que j'en sache autant sur ce jeune homme et sur sa famille, non seulement en ce qui a trait à leurs actes, mais aussi à leurs sentiments ? Eh bien, tout simplement parce que ce jeune homme, c'était moi.

J'ai écrit ce livre parce que je veux que vous sachiez que l'on pense à vous. Je veux que vous sachiez que, même si vos propres difficultés vous paraissent insurmontables, vous pouvez réellement changer le cours de votre vie. Vous pouvez réaliser vos anciens rêves. Comment? En apprenant à exploiter votre potentiel, à donner le maximum de vous-même au moment où vous lisez ces mots. Cette énergie, enfouie au tréfonds de vous, peut vous aider à changer votre vie du tout au tout, presque instantanément. **Tout ce que vous avez à faire, c'est de la libérer de ses entraves**.

Comment se fait-il que je puisse vous dire cela avec autant de conviction? Tout simplement parce que j'ai eu moi-même recours à cette énergie pour transformer complètement ma vie. Il y a un peu plus de 10 ans, j'étais encore aux prises avec toutes sortes de problèmes, je me sentais très frustré, bref j'avais pour ainsi dire abandonné tout espoir de pouvoir un jour m'en sortir! Je vivais dans un tout petit studio, à Venice, en Californie. J'étais très seul, très malheureux et je pesais 20 kilos de trop. Je n'avais aucun projet d'avenir. J'avais l'impression que la vie ne m'avait doté que de cartes perdantes et que je ne pouvais rien y changer. Je n'avais pas un sou, et sur le plan psychique, j'étais au bout de mon rouleau. Je me sentais dépassé par les événements, désemparé et vaincu.

Je suis ici pour vous dire qu'en moins d'un an, j'ai réussi à tout changer. J'ai perdu 13 kilos en moins de 30 jours. Et je ne les ai jamais repris, car j'ai fait plus que me mettre au régime: j'ai décidé de changer radicalement ma façon de penser.

J'ai repris une forme éblouissante en m'entraînant régulièrement et j'ai acquis la confiance nécessaire pour surmonter les périodes difficiles et atteindre les objectifs dont j'avais rêvé. Mon secret était de me concentrer sur les besoins des autres. Je me demandais constamment: *«Comment puis-je contribuer au bien-être de mes semblables?»* Ce processus de réflexion m'a permis de devenir un leader. Je m'aperçus très tôt que je ne pouvais pas aider les autres à changer avant d'avoir changé moi-même. Le secret d'une vie heureuse était d'apprendre à donner, mais pour pouvoir donner, il fallait tout d'abord que je m'améliore. En marche vers cet idéal, je réussis à attirer la femme de mes rêves, je l'épousai et je devins père. En moins d'un an, moi qui vivotais au jour le jour, je suis devenu millionnaire. J'ai déménagé de mon studio délabré pour m'installer dans la demeure que j'occupe aujourd'hui: un palais de 3000 mètres carrés, surplombant l'océan Pacifique.

Mais je n'en suis pas resté là. Dès que je réussis à me prouver que je pouvais m'en sortir seul, je décidai d'approfondir toutes les manières possibles d'aider les autres. Je me mis en quête de modèles de réussite, de personnes qui parvenaient à tout changer à la vitesse de l'éclair. Parmi ces spécialistes en performances de très haut niveau, se trouvaient quelques-uns des mentors et des thérapeutes les plus célèbres au monde, des gens capables d'aider les autres à résoudre leurs problèmes en une ou deux séances plutôt qu'en une, deux ou même plusieurs années. Avec le plus vif intérêt, j'étudiai leurs enseignements et je les mis immédiatement en pratique.

Je mis par ailleurs aussi au point mes propres stratégies et techniques.

Depuis lors, ces techniques m'ont permis de travailler avec plus d'un million de personnes, issues de 42 pays différents, et de leur offrir les «outils» et la formation dont elles avaient besoin pour changer le cours de leur vie. Par la suite, j'ai eu le privilège de partager le résultat de mes recherches avec des gens provenant des milieux les plus divers: des ouvriers et des aristocrates, des membres de familles royales, des chefs d'État et des P.D.G. de sociétés, des présidents d'associations de parents d'élèves, des vedettes de cinéma, des athlètes professionnels, des équipes sportives, des mères de famille, des médecins, des enfants et des sans-abri. Grâce à mes livres, des cassettes, des colloques et des rencontres télévisées, je suis littéralement parvenu à rejoindre des dizaines de millions de personnes. Mon but a toujours été de les aider à se prendre en main et à améliorer instantanément leur qualité de vie.

Je ne suis pas en train de vous raconter tout cela pour vous impressionner et vous convaincre qu'il est possible de changer très rapidement. Une fois que nous comprenons ce qui façonne nos pensées, nos sentiments et notre comportement, tout ce qui nous reste à faire, c'est d'agir concrètement sur tous les plans, de façon logique, intelligente et en faisant preuve de détermination. À l'aide de ce livre, je me propose de vous guider pour vous permettre d'apporter tous les changements que vous souhaitez à votre vie.

La pensée positive ne suffit pas

Nous caressons tous nos propres rêves, n'est-ce pas? Nous sommes tous prêts à croire que nous sommes vraiment des êtres exceptionnels, que nous pouvons changer le cours de notre vie, jouer un rôle important au sein de notre propre famille, ainsi que dans la vie de nos amis ou d'autres personnes. Nous avons tous déjà su, à un moment donné, ce que nous voulions et ce que nous méritions de recevoir de la vie.

Pourtant, ils sont nombreux ceux qui oublient leurs rêves d'autrefois lorsqu'ils doivent affronter la vie et ses défis. Ils font abstraction de leurs aspirations, ils oublient qu'ils ont le pouvoir de décider de leur avenir, et ils perdent confiance et espoir. C'est pourquoi je me suis donné la mission de rappeler aux autres – des gens comme vous et moi – que nous possédons le pouvoir de changer tout ce que nous désirons. **Nous pouvons éveiller ce pouvoir et réaliser nos rêves,** *dès aujourd'hui.* Ce livre vous fournira quelques outils simples pour effectuer ces changements spectaculaires.

Il va sans dire que la pensée positive constitue déjà un excellent début. Vous devez bien sûr concentrer votre énergie sur la façon de modifier le cours des événements – sur des *solutions* à vos problèmes – plutôt que de ressasser pourquoi les choses vont si «mal». **Mais la pensée positive ne suffit pas pour réussir à inverser le cours des choses.** Il vous faudra aussi de nouvelles stratégies et des plans précis pour changer votre façon de penser, de réagir, et d'agir, *chaque jour de votre existence.*

N'est-il pas vrai que nous souhaitons tous améliorer les choses dans notre vie? Presque tous les changements que nous voulons effectuer se répartissent en deux catégories: nous souhaitons soit changer notre façon de *réagir* à ce qui nous touche (avoir davantage confiance en nous, dominer nos peurs, nous débarrasser de nos frustrations, nous sentir plus heureux ou avoir une perception plus positive de notre passé), soit modifier notre *manière d'agir* (changer certaines habitudes, cesser de fumer, de boire, ou de toujours remettre les choses au lendemain). Mais le problème, c'est qu'en dépit de notre désir sincère de changer, *bien peu d'entre nous connaissons les techniques nécessaires pour y arriver et pour que ces changements soient permanents.*

Je voudrais que cet ouvrage vous aide à amorcer des changements positifs. Je ne vous promets pas que ce simple petit livre vous aidera à obtenir la lune, mais *par contre, je vous garantis* que vous pouvez prendre votre destin en main et commencer à améliorer la qualité de votre vie en mettant en pratique quelques techniques simples, présentées dans ce livre. Vous pourrez aussi y avoir recours pour aider vos amis et des membres de votre famille.

Si vous voulez vraiment effectuer un virage positif, le seul moyen est de commencer immédiatement à croire qu'il *est* possible de changer. Le passé n'a aucune espèce d'importance. Quelle que soit la nature de vos échecs passés, cela n'a rien à voir avec ce que vous avez décidé d'entreprendre actuellement. Seuls vos actes *présents* comptent quand il s'agit de façonner votre destinée. Pour le moment, vous devez apprendre à devenir votre meilleur ami. Cessez de vous reprocher sans cesse vos fautes passées et concentrez-vous plutôt sur la recherche de solutions au lieu de ruminer vos problèmes.

Vous sentez-vous prêt à entreprendre ce voyage? Eh bien, en route! Et commençons à changer notre vie en sachant quoi faire lorsque...

Première leçon

Vous vous sentez dépassé par les événements... Comment renverser la situation?

Au cours de notre vie, de nombreux événements se produisent qui sont souvent indépendants de notre volonté. L'entreprise pour laquelle nous travaillons décide par exemple de réduire son personnel et nous sommes mis à pied; notre conjoint nous quitte; un membre de notre famille tombe gravement malade ou un de nos proches meurt subitement; le gouvernement supprime un programme subventionné sur lequel nous comptions, et ainsi de suite. Dans de telles situations, nous nous sentons souvent impuissants à agir pour améliorer les choses.

Il vous est certainement déjà arrivé d'avoir tout essayé pour trouver un nouvel emploi, pour aider votre famille, pour rencontrer l'âme sœur, ou tout simplement pour être plus heureux. Mais rien ne semblait marcher. Et souvent, lorsque nous tentons de mettre en pratique une nouvelle approche, que nous cherchons à fournir le meilleur de nous-même, sans toutefois parvenir au but, nous avons peur de faire de nouvelles tentatives. Pourquoi? Parce que nous fuyons tous la souffrance et que personne n'aime jouer perpétuellement le rôle du perdant. Personne n'aime faire de son mieux et voir à nouveau ses espoirs déçus. Et bien entendu, il n'est pas rare qu'après plusieurs déceptions, nous perdions tout désir d'essayer à nouveau! Nous finissons par croire que *rien, absolument rien*, ne marchera.

Si vous vous trouvez dans une telle impasse, c'est que vous souffrez de «résignation acquise». Vous avez littéralement appris à vous persuader que vous faites partie de ceux qui «n'y peuvent jamais rien».

La bonne nouvelle, en l'occurrence, c'est que vous vous trompez. Vous *avez le pouvoir d'agir*! Vous pouvez tout changer dans votre vie, dès aujourd'hui, en modifiant vos perceptions et votre façon d'agir.

«Je ne suis pas découragé, car tout nouvel échec constitue un pas de plus vers la victoire.»

Thomas Edison

Le premier pas à faire pour changer le cours de votre vie, c'est de vous débarrasser de l'idée négative qu'il est inutile d'agir ou que vous en êtes incapable. Comment? Affirmer son impuissance à agir, c'est exprimer en fait que des méthodes se sont avérées inefficaces par le passé. Mais permettez-moi de vous rappeler – et c'est une phrase que j'ai maintes fois répétée au cours de mon existence: **VOTRE PASSÉ N'A RIEN À VOIR AVEC VOTRE AVENIR**. C'est ce que vous faites *à l'heure actuelle* qui compte et non pas ce que vous avez fait hier. En effet, bien des gens essaient de bâtir leur avenir en ne regardant que leur rétroviseur! Si vous êtes de ceux-là, ce sera à coup sûr la catastrophe. Apprenez plutôt à vous concentrer sur ce que vous pourriez faire *aujourd'hui même* pour améliorer les choses.

C'est en persévérant qu'on arrive au but

Nombreux sont ceux qui m'ont dit: «J'ai essayé de réussir *de millions* de façons différentes et aucune n'a fonctionné!» Ou: «J'ai essayé *mille* choses!» Pensez-y bien! Ces personnes n'ont certainement pas essayé de changer les choses de 100 façons, ni même de 12 façons. La plupart des gens n'ont vraiment essayé que 8, 9 ou 10 méthodes, tout au plus. Et lorsque ça n'a pas marché, ils ont baissé les bras.

La clé du succès, c'est de savoir exactement ce qui compte le plus à vos yeux, puis de faire le maximum, tous les jours, pour améliorer les choses, même lorsque vos efforts ne semblent mener à rien.

Permettez-moi de vous donner un exemple. Avez-vous déjà entendu parler d'un certain colonel Sanders? Sans aucun doute! Comment le colonel est-il parvenu à une telle réussite? Est-il né dans une famille riche? Ses parents l'ont-ils envoyé étudier à une université renommée comme Harvard, par exemple? Ou bien, a-t-il réussi parce qu'il s'est lancé très tôt en affaires? Y a-t-il du vrai dans tout cela?

La réponse est non. Le colonel Sanders n'a pu commencer à réaliser son rêve qu'à partir de 65 ans! Qu'est-ce qui l'a finalement poussé à agir? Il était sans le sou et très seul. C'est alors qu'il reçut un premier chèque d'assistance du gouvernement, d'un montant de 105 pauvres dollars, ce qui le rendit furieux. Mais au lieu d'en faire le reproche à la société ou d'écrire une lettre cinglante au Congrès, il se demanda: «**Que pourrais-je faire d'utile pour les autres? Comment rendre ce qui m'a été don-**

né?» Et il commença à réfléchir aux connaissances qu'il possédait et dont il pourrait faire profiter les autres.

Sa première inspiration fut: «Eh bien, je connais une recette de poulet qui semble plaire à tout le monde! Et si je la vendais à des restaurants? Est-ce que je pourrais gagner de l'argent de cette façon?» Il pensa alors presque aussitôt: *«C'est ridicule. Vendre ma recette ne m'aidera même pas à payer mon loyer.»* Il lui vint alors une autre idée: «Et si en plus de vendre ma recette, je montrais à ces restaurateurs comment cuire le poulet à la perfection? Qu'arriverait-il si le poulet était tellement bon que cela leur permettrait d'augmenter leur chiffre d'affaires? Et si plus de clients fréquentaient leur restaurant et que leur commerce prospérait, peut-être accepteraient-ils de me donner un pourcentage sur leurs nouvelles ventes.»

Beaucoup de gens ont des idées qui valent leur pesant d'or. Mais le colonel Sanders était un homme hors du commun. Il ne se contentait pas seulement de caresser des idées de projets grandioses. *Il passait ensuite aux actes.* Il alla de porte en porte en proposant son idée à tous les propriétaires de restaurants: «J'ai une merveilleuse recette de poulet et je suis persuadé que si vous l'offrez à vos clients, cela vous permettra d'accroître vos ventes. En échange, j'aimerais recevoir un pourcentage sur votre nouveau chiffre d'affaires.»

Il va sans dire que bien des gens lui rirent carrément au nez en lui disant: «Écoutez, grand-père, sortez d'ici, j'ai à faire. Et pourquoi portez-vous ce ridicule costume blanc?» Le colonel Sanders décida-t-il alors d'abandonner la partie? Pas le moins du monde. Il connaissait le véritable secret de la réussite, ce que j'appelle *le pouvoir personnel.* Et le pouvoir personnel signifie faire preuve de persévérance; chaque fois que nous poursuivons un but, nous en tirons une nouvelle leçon pour ensuite faire mieux la fois suivante. C'est sans aucun doute à son pouvoir personnel que le colonel Sanders fit appel! Au lieu de se sentir déprimé par le dernier propriétaire de restaurant qui avait rejeté son idée, il chercha immédiatement à améliorer son boniment de vente pour obtenir de meilleurs résultats au restaurant suivant.

À votre avis, combien de fois le colonel Sanders dut-il essuyer un refus avant d'obtenir la réponse qu'il cherchait? **Eh bien, 1 009 fois avant d'entendre le premier oui.** Il passa *deux ans* à parcourir l'Amérique dans sa vieille voiture, dormant sur le siège arrière dans son costume blanc fripé, très matinal et plein d'enthousiasme à la perspective de partager son idée avec de nouveaux restaurateurs. Bien souvent, il se contentait de grignoter quelques bouchées des échantillons de poulet qu'il avait cuisinés d'avance pour les montrer à d'éventuels clients. Combien de gens à votre avis auraient accepté de se faire dire non 1 009 fois – pendant 2 ans! – sans abandonner la partie? Très peu. Voilà pourquoi il n'existe qu'un seul et unique colonel Sanders. Je suis convaincu que la plupart des gens n'insisteraient plus au bout de 20 refus, et encore moins après 100 ou 1000 refus! Pourtant, c'est parfois la seule chose à faire pour réussir.

Si vous lisez la biographie de gens ayant brillamment réussi au cours de l'histoire, vous remarquerez qu'ils ont tous quelque chose en commun: aucun refus ne pouvait les rebuter, ni les arrêter. Ils ne permettaient à personne de les empêcher d'atteindre leurs buts et de réaliser leurs rêves. Saviez-vous que Walt Disney dut essuyer 302 refus avant de trouver le financement nécessaire pour réaliser son rêve de créer «une oasis de bonheur sur terre»? Tous les directeurs de banques étaient persuadés qu'il avait perdu la tête. Loin de là! C'était un visionnaire et, surtout, il s'était juré de faire de son rêve une réalité. Aujourd'hui, des millions de gens ont la joie «de découvrir le monde merveilleux de Disney», un univers semblable à nul autre et créé par un seul être humain.

Alors même que je vivais dans mon minable petit appartement où je devais laver la vaisselle dans la baignoire, j'essayais de ne pas oublier ce genre d'exemple. Je tentais de garder à l'esprit qu'**AUCUN PROBLÈME N'EST PERMANENT. AUCUN PROBLÈME NE PEUT AFFECTER MA VIE ENTIÈRE. IL EXISTE UNE SOLUTION À CHACUN D'ENTRE EUX, SI J'ENTREPRENDS D'AGIR DE FAÇON CONSTRUCTIVE ET POSITIVE, EN FAISANT UN MAXIMUM D'EFFORTS SUR TOUS LES PLANS**. Je gardais constamment cette idée à l'esprit: *«Même si ma vie me paraît épouvantable à l'heure actuelle, il y a en fait pas mal de choses pour lesquelles je peux remercier le ciel, par exemple, mes deux amis, le fait que je sois en possession de mes facultés ou le fait que je peux respirer de l'air pur.»* J'essayais de me concentrer constamment sur ce que je cherchais, de fixer mon attention sur les *solutions*, plutôt que sur les problèmes. Et je me répétais qu'aucun problème ne pouvait se répercuter sur ma vie entière, même si j'en avais l'impression à ce moment-là.

Je décidai de ne plus croire que toute mon existence était foutue, parce j'étais en proie à la frustration et à des difficultés financières passagères. Je décidai que je n'avais rien à me reprocher et que je me trouvais tout simplement en «période de transition». En d'autres termes, je savais que si je continuais à cultiver les graines que j'avais plantées – si je continuais à faire ce qu'il fallait – je finirais bien par sortir de cette impasse, que des moments plus heureux m'attendaient – et que je récolterais un jour le fruit de ces dures années d'efforts, apparemment inutiles. Je décidai aussi qu'il était insensé de croire qu'on pouvait obtenir des résultats positifs en répétant constamment des comportements qui s'étaient soldés par un échec dans le passé. Je devais persévérer jusqu'à ce que je trouve les réponses que je cherchais.

Le message que je voudrais vous transmettre est simple, et je sais qu'au fond de vous-même, vous savez que c'est vrai: **un plan d'action efficace, une persévérance de tous les instants et un maximum d'efforts vous permettront d'obtenir ce que vous désirez, si vous savez faire preuve de souplesse face aux obstacles; mais pour cela, vous devez tout d'abord cesser de croire qu'il n'existe aucune solution à vos problèmes.** Il faut que vous vous concentriez immédiatement sur ce que vous pouvez faire dès aujourd'hui, ne serait-ce qu'à très petite échelle.

C'est logique, n'est-ce pas? Alors pourquoi n'y a-t-il pas plus de gens prêts à adopter le slogan publicitaire de la firme Nike: «Il suffit d'agir»? C'est parce que la peur d'échouer les paralyse. Mais j'ai découvert quelque chose d'extraordinaire en ce qui a trait à l'échec....

Deuxième leçon

L'échec n'existe pas

L'heure est venue de prendre une *décision.* Dès maintenant, vous devez prendre la ferme résolution de ne plus jamais vous laisser aller à entretenir des sentiments défaitistes ou vous laisser aller à des humeurs dépressives. Cela ne veut pas dire que vous devez sous-estimer l'ampleur des défis qui vous attendent. Cela signifie seulement que vous comprenez maintenant que la dépression et le défaitisme vous empêchent d'agir et de transformer votre vie. Il est indispensable que vous commenciez à vous persuader que, même si tout vous paraît irréalisable en ce moment, vous pouvez faire volte-face. **Voyez-vous: chacun vit des problèmes et subit des déceptions et des frustrations**, mais *c'est notre façon de réagir à ces obstacles qui façonne notre existence.*

Je voudrais partager avec vous un merveilleux exemple de ce principe dynamique. Il y a bien des années, un jeune homme rêvant de devenir un musicien célèbre, abandonna ses études et se mit en route. Il est très difficile de dénicher un emploi quand on n'a même pas fini ses études secondaires. Il se mit donc à jouer du piano et à chanter dans quelques-uns des bars les plus mal famés de la ville, faisant don de son âme et de sa musique à des clients tellement soûls qu'ils ne s'apercevaient même pas de sa présence. Imaginez les sentiments de frustration et d'humiliation qu'il dut éprouver! Il se sentait accablé et presque anéanti par la dépression. Il n'avait pas un sou en poche et il dormait dans des teintureries automatiques. Il continuait à se battre uniquement par amour pour sa petite amie qui était, à ses yeux, la plus belle femme du monde.

Mais un jour, elle aussi l'abandonna. Il pensa que sa vie était finie et décida de se suicider. Mais avant de passer aux actes, il essaya de trouver de l'aide et se rendit à un hôpital psychiatrique. Ce fut alors que sa vie changea, non pas «grâce à une guérison miraculeuse», mais parce qu'il s'alarma en voyant l'état grave des patients et qu'il comprit à quel point tout pouvait dégénérer! Il se rendit compte qu'il n'avait pas de réel problème. Et ce jour-là, il se promit de ne plus jamais se laisser sombrer dans la dépression. Il travaillerait aussi dur et aussi longtemps qu'il le fallait pour devenir un excellent musicien, car il était certain d'avoir du talent. **Aucune déception et personne au monde ne valent la peine qu'on se suicide. La vie vaut toujours la peine d'être vécue. Il y a toujours des bienfaits dont on peut remercier le ciel**.

Il poursuivit sa lutte. Au début, rien ne se passa, mais son talent fut enfin reconnu. En fait, le monde entier connaît aujourd'hui ce musicien et sa musique. Il s'appelle Billy Joel.

N'oublions jamais que **CE N'EST PAS PARCE QUE LE DESTIN NOUS REFUSE QUELQUE CHOSE À UN CERTAIN MOMENT DU TEMPS QU'IL FAUT CONSIDÉRER CE REFUS COMME DÉFINITIF**. L'échec n'existe pas, et si vous tentez quelque chose sans succès, mais que, ce faisant, vous en tirez une leçon dont vous saurez profiter à l'avenir, c'est alors que vous aurez vraiment réussi.

En fait, il y a un dicton qui m'a aidé au cours des ans:

«LE SUCCÈS EST LE FRUIT D'UN BON JUGEMENT.

LE BON JUGEMENT EST LE FRUIT DE L'EXPÉRIENCE.

L'EXPÉRIENCE EST SOUVENT LE FRUIT D'ERREURS DE JUGEMENT.»

Accrochez-vous! Si vous persévérez dans vos efforts pour améliorer les choses, tout en tirant une leçon de vos «erreurs», vous réussirez. Examinons maintenant de plus près ce qui nous pousse à agir....

Troisième leçon

Apprenez à décider et plus rien ne saura vous arrêter

Je maintiens dans ce petit livre que le pouvoir de changer votre vie existe.Où se trouve-t-il? Comment le canaliser? Nous savons tous que pour obtenir de nouveaux résultats, il faut changer de comportement, mais il faut aussi prendre conscience du fait que tous nos actes découlent des décisions que nous prenons: **pouvoir décider, c'est pouvoir changer**. Là encore, il est vrai que nous ne sommes pas toujours maîtres des circonstances, mais nous pouvons exercer un contrôle sur ce que nous décidons de penser, de croire, de sentir et sur nos réactions aux événements. Il ne faut jamais oublier qu'à chaque instant, que nous l'acceptions ou non, la vie nous met en face de nouveaux choix; ces choix, ainsi que les actes et résultats qui en découlent, dépendent entièrement de nous. La plupart d'entre nous oublions que nous avons le pouvoir de choisir. **EN FIN DE COMPTE, CE SONT NOS DÉCISIONS ET NON PAS LES CIRCONSTANCES QUI INFLUENT SUR NOTRE DESTIN**. Votre mode de vie actuel reflète notamment qui vous avez décidé d'être et ce que vous avez décidé d'accomplir, ainsi que vos décisions de fréquenter telle ou telle personne, d'apprendre ou de ne pas apprendre, d'adopter certaines croyances, de persévérer ou d'abandonner la partie, de vous marier, d'avoir des enfants, de vous alimenter d'une certaine façon, de fumer ou de boire. Toutes ces décisions ont littéralement réglé le cours de votre vie. Si vous voulez sincèrement changer votre situation, vous devez décider ce qui vous tient à cœur, ce que vous ferez, et quels sont les engagements que vous êtes prêt à prendre.

Lorsque j'emploie le terme *décision*, je veux parler d'un choix conscient. La plupart des gens se disent: «Bon, j'ai décidé de perdre du poids», mais ils pensent en termes trop vagues et manquent de précision. En fait, ils se contentent d'énoncer une préférence; en d'autres termes, ils disent: «*J'aimerais* être plus mince.» En fait, il n'y a prise de décision que lorsqu'on refuse de considérer tout autre scénario possible, que l'on se concentre exclusivement sur son but, que l'on ne se permet même pas de douter.

Permettez-moi de vous raconter l'exemple édifiant d'un homme qui avait compris toute la puissance que renferme une vraie décision, de quelqu'un qui s'était juré une fois pour toutes de ne jamais abandonner la partie. Il s'appelle Soichiro Honda; c'est le fondateur de la société Honda, qui fabrique des automobiles et des motocyclettes. Monsieur Honda ne se laissa jamais arrêter par les tragédies, les problèmes, ou les défis. **En fait, il décida souvent de considérer les plus grands obstacles comme de simples étapes à franchir dans la course devant le mener à la victoire finale.**

En 1938, monsieur Honda n'était qu'un pauvre étudiant qui rêvait de créer un nouveau type de segment de piston qu'il comptait fabriquer pour la société Toyota.

> ***Monsieur Honda décida souvent de considérer les plus grands obstacles comme de simples étapes à franchir dans la course devant le mener à la victoire finale.***

Tous les jours, il allait suivre ses cours, puis il passait la nuit à travailler sur la conception de son engin, le visage et les mains pleins d'huile. Il investit le peu d'argent qu'il possédait dans son projet, sans parvenir à le terminer. En dernier ressort, il dut mettre les bijoux de sa femme au clou pour pouvoir continuer.

Après des années et des années d'efforts, il parvint enfin à dessiner le type de segment de piston qu'il comptait fermement vendre à Toyota. Mais lorsqu'il présenta son produit, Toyota refusa de l'acheter. Il dut retourner à l'université où il se fit humilier par ses professeurs et par ses amis qui lui dirent qu'il était complètement idiot de dessiner les plans d'un machin aussi ridicule.

Était-il frustré? Et comment! Était-il fauché? Sans aucun doute! Abandonna-t-il la partie? *L'idée ne l'en effleura même pas!*

Au lieu de cela, il passa les deux années suivantes à réfléchir aux moyens d'améliorer la conception de son segment de piston. Il connaissait la formule clé qui le mènerait à la réussite:

1. Il décida ce qu'il voulait;
2. Il exécuta son plan d'action;
3. Il évalua constamment ses progrès et ...
4. Il révisa ses méthodes chaque fois qu'il se trouvait sur une fausse piste; il sut faire preuve de *souplesse* et modifia ses stratégies pour surmonter les obstacles sur son chemin.

Enfin, au bout de deux autres années, il peaufina la conception de son engin et Toyota finit vraiment par le lui acheter!

Monsieur Honda avait besoin de béton pour construire son usine de pistons, mais tout le béton disponible avait été réquisitionné, car le branle-bas de combat régnait au sein du gouvernement japonais qui se préparait à livrer la Seconde Guerre mondiale. Une fois de plus, son rêve paraissait sur le point de s'écrouler. Personne ne semblait pouvoir l'aider. Là encore...en fut-il découragé? Pas le moins du monde. Il était fermement décidé à construire son usine et n'envisageait même pas la possibilité de renoncer à son projet. Il réunit donc quelques amis et, pendant des semaines, ils travaillèrent nuit et jour pour expérimenter diverses méthodes de fabrication, jusqu'au jour où ils trouvèrent enfin une nouvelle façon de produire du béton. Il construisit alors son usine et put enfin produire ses segments de piston.

«Mais l'histoire continue...»

L'histoire ne s'arrête pas là. Pendant la guerre, les États-Unis bombardèrent son usine et en détruisirent la majeure partie. Au lieu de s'avouer vaincu, M. Honda rallia ses employés autour de lui et leur dit: «Vite, courez observer ces avions. Ils vont larguer leurs bidons d'essence dans le vide. Il faut trouver les points de chute de ces bidons pour les ramasser, car ils sont faits de matières premières dont nous avons besoin pour fabriquer nos produits!» À l'époque, il était impossible de se procurer ces matériaux au Japon. **Monsieur Honda avait découvert le moyen de profiter de ce que la vie voulait bien lui offrir**. Finalement, un tremblement de terre détruisit son usine et il fut obligé de vendre son entreprise de production de segments de pistons à Toyota. Mais Dieu ne nous ferme jamais une porte sans nous en ouvrir une autre, aussi devons-nous rester à l'affût de ce que la vie peut nous offrir.

Lorsque la guerre prit fin, le chaos régnait au Japon. Partout dans le pays, il y avait pénurie de matières premières. L'essence était rationnée et, dans certains cas, presque introuvable. Monsieur Honda ne réussissait même pas à s'en procurer suffisamment pour mettre sa voiture en marche et se rendre au marché acheter des provisions pour sa famille. Au lieu de se sentir vaincu ou impuissant à agir, il prit une nouvelle décision. Il décida qu'il ne se contenterait pas d'une qualité de vie aussi médiocre. Il se posa une question d'une importance cruciale: «Que puis-je faire d'autre pour nourrir ma famille? Comment mettre à profit les connaissances que je possède déjà pour atteindre mon but?» Il s'aperçut alors qu'il lui restait un petit moteur, de ceux dont on se sert pour équiper les tondeuses à gazon et l'idée lui vint de le monter sur sa bicyclette. Il créa ainsi la première motocyclette. Il s'en servait pour aller au marché et peu de temps après, ses amis lui demandèrent de leur fabriquer leur propre «motocyclette». En peu de temps, il en monta un si grand nombre qu'il commença à manquer de moteurs. Il décida alors de construire une nouvelle usine pour les fabriquer lui-même. Mais que faire sans argent, dans un Japon déchiré?

«C'est en décidant que nous forgeons notre destin.»

Anthony Robbins

Au lieu d'abandonner la partie et de se dire: *«Il n'y pas de solution»*, une brillante idée lui vint à l'esprit. Il *décida* d'envoyer une lettre à tous les propriétaires de magasins de bicyclettes du Japon, dans laquelle il leur expliquait qu'il avait trouvé une solution pour remédier aux problèmes de transport du Japon, que sa motocyclette serait économique et qu'elle permettrait aux Japonais de se déplacer facilement. Puis, il leur demanda d'investir dans son projet.

Parmi les 18 000 propriétaires de magasins de bicyclettes qui reçurent la lettre de M. Honda, 3 000 décidèrent de le financer et il put alors fabriquer son premier lot. Vous pensez peut-être que le succès fut immédiat, n'est-ce pas? Eh bien, pas du tout! Sa motocyclette était trop grande et trop lourde, c'est pourquoi bien peu de Japonais l'achetèrent. Une fois de plus, il analysa ce qui n'allait pas et, au lieu de baisser les bras, il révisa à nouveau sa stratégie. Il *décida* d'épurer le modèle de ses motocyclettes et d'en construire des beaucoup plus légers et de plus petites dimensions. Il nomma son nouveau modèle «The Cub®». La nouvelle motocyclette fit fureur sur le marché et ce succès inouï valut à monsieur Honda d'être décoré par l'empereur. Il devint célèbre et tout le monde déclara qu'il avait eu bien de la «chance» d'avoir eu une si bonne idée.

Était-ce vraiment de la chance? Si «chance» signifie travailler en sachant ce que l'on fait, alors oui, il se peut que monsieur Honda ait eu de la chance. À l'heure actuelle, son entreprise est l'une des mieux cotées au monde. La société Honda compte plus de 100 000 employés et vend plus de véhicules que tous ses concurrents américains, à l'exception de Toyota. Et tout ça parce que *M. Honda n'accepta jamais de s'avouer vaincu.* Il refusa de se laisser arrêter par les problèmes et les circonstances. Il *avait décidé* une fois pour toutes qu'il y a *toujours* moyen de réussir quand on le veut vraiment.

La vie n'est qu'une suite de décisions!

Vous savez comme moi que certaines personnes sont nées sous une bonne étoile: leurs parents étaient riches et ils ont grandi dans des milieux privilégiés; la nature semblait les avoir dotés d'une bonne santé et d'une robuste constitution et on a pourvu à leurs moindres besoins. Et pourtant, il arrive parfois que ces mêmes individus deviennent obèses, frustrés et toxicomanes.

Par ailleurs, il est courant d'entendre parler ou de rencontrer des gens qui, contre toutes probabilités, ont réussi à surmonter tous les obstacles et à se dépasser, après avoir pris de *nouvelles décisions* d'une importance capitale pour leur destin. **Ce sont aujourd'hui des modèles du caractère invincible et de la puissance illimitée de l'esprit humain.**

Comment ces gens étonnants procèdent-ils? Tous ont décidé à un moment donné qu'ils en avaient assez et qu'ils ne se contenteraient que de ce que la vie avait de meilleur à leur offrir. Ils ont vraiment pris la décision de transformer leur vie.

Qu'est-ce que j'entends par «vraiment»? Eh bien, tant de gens disent par exemple: «Je devrais vraiment perdre du poids. Je devrais gagner plus d'argent. Je devrais chercher un meilleur emploi. Je devrais arrêter de boire et de fumer.» Ce n'est certainement pas à coups de «devrais» que vous allez changer quoi que ce soit!

Les vraies décisions ne sont pas des châteaux de cartes: elles sont coulées dans le béton. On se fixe une ligne de conduite et on n'en dévie pas d'un millimètre.

La seule façon de changer de vie est de prendre une véritable décision. Décider véritablement signifie exclure *la moindre possibilité d'échec* et concentrer toute son énergie sur l'objectif qu'on se propose d'atteindre.

S'il est si facile de prendre des décisions et si les décisions peuvent avoir un tel impact sur notre vie, pour quelle raison si peu de gens en prennent? C'est qu'ils ne savent pas en quoi consiste une vraie décision. Ils s'imaginent que décider équivaut à dresser une liste de voeux pieux: «J'aimerais arrêter de fumer», ou «J'aimerais arrêter de boire». En fait, la plupart d'entre nous n'avons plus pris de décision sérieuse depuis si longtemps que nous en avons même oublié ce que c'est!

Lorsqu'on prend une véritable résolution, on se fixe une ligne de conduite dont on ne dévie pas d'un millimètre. Les vraies décisions ne sont pas des châteaux de cartes: elles sont coulées dans le béton. On sait exactement ce qu'on veut. Cette prise de conscience se traduit par une puissance d'action accrue.

Ceux qui luttent contre des forces supérieures et triomphent dans la vie prennent tous les jours trois décisions capitales. Ils décident:

1. sur quoi concentrer leur attention;
2. quelle est la signification réelle de chaque chose;
3. quel plan d'action adopter.

L'histoire d'Ed Roberts fait aussi partie des exemples que j'aime citer. C'est un homme «ordinaire», en fauteuil roulant, qui est devenu un être vraiment exceptionnel en décidant un jour de transcender ses limites physiques. Entièrement paralysé depuis l'âge de 14 ans, il a appris, malgré d'énormes difficultés, à se servir quotidiennement d'un appareil respiratoire pour mener une vie aussi normale que possible.

Après avoir frôlé la mort plusieurs fois, il aurait pu prendre la décision de s'abandonner au désespoir, mais il a choisi au contraire de faire progresser la cause des personnes handicapées.

Comment? En menant depuis 15 ans un combat contre la société des gens dits «normaux» et contre leur condescendance à l'égard des personnes handicapées. Il est parvenu ainsi à améliorer considérablement leur sort et leur qualité de vie. Ed Roberts a éduqué le public; grâce à lui, l'usage de rampes d'accès pour fauteuils roulants, de barres d'appui et d'emplacements de stationnement réservés s'est répandu considérablement. Il fut le premier quadriplégique à recevoir un diplôme de l'université de Berkeley, en Californie. Il obtint finalement le poste de directeur du Service de rééducation des personnes handicapées de l'État de Californie. Là encore, il fut le premier handicapé à occuper ce poste.

Il est clair que cet homme avait décidé, dès le début, que le cœur de ses préoccupations serait différent de celui de la majorité des personnes handicapées. **Il se concentra sur la façon de faire avancer les choses**. Son handicap physique constituait un «défi» à ses yeux. Il décida de faire tout ce qu'il pouvait pour aider ses semblables, affligés comme lui de handicaps, à mener une vie plus facile. Il prit l'engagement de réaménager l'environnement de façon à améliorer la qualité de vie des handicapés.

Le cas d'Ed Roberts prouve sans contredit que ce qui importe bien plus que le point de départ: c'est la ligne d'arrivée et *notre décision quant à la façon* de l'atteindre. Tout ce qu'il a réussi à accomplir est le fruit d'une vraie décision. Quant à vous, pensez à quel point votre vie se trouverait transformée par ce genre de *décision.*

Décidez dès maintenant!

Tout progrès humain est précédé d'une décision. Quelles sont les choses que vous ne cessez de remettre au lendemain? Qu'est-ce que vous devez faire pour améliorer votre existence? Il s'agit peut-être de décider de remplacer la cigarette et l'alcool par du jogging ou de la lecture, ou bien de vous lever plus tôt le matin et d'avoir une attitude plus positive. Ou bien de décider que vous n'accuserez plus personne d'être à l'origine de vos problèmes et de réfléchir à ce que vous pourriez faire chaque jour pour améliorer votre situation. Ou de décider de chercher un nouvel emploi en prenant dès le départ la résolution de devenir indispensable. Ou décider d'étudier et d'acquérir de nouvelles compétences qui vous permettront de gagner plus d'argent. Ou encore de décider de vous consacrer davantage à votre famille et à vos amis.

Dans l'immédiat, prenez deux résolutions que vous vous engagez fermement à respecter, quels que soient les efforts que vous devrez déployer. Commencez par prendre la décision de faire une promesse facile à tenir, envers les autres ou envers soi-même. En prenant une telle décision et en passant ensuite aux actes, vous vous prouverez que vous êtes capable de prendre des décisions d'une portée bien supérieure à cette première résolution. Vous verrez alors vos «muscles décisionnels» se raffermir à vue d'œil!

Maintenant, prenez une seconde décision qui exige encore plus de détermination de votre part, une résolution qui vous inspire vraiment! Inscrivez vos deux décisions dans l'espace à la page suivante; informez-en vos parents et amis, et abandonnez-vous ensuite au plaisir et à la fierté de tenir votre parole!

Deux décisions importantes que j'ai prises
et que je me suis engagé à respecter!

1. s'organiser, plannifier toutes les tâches professionnelles et privées en se laissant des plages libres et faire prévisionnel 1 x/mois par sem.

2. ne pas se dévaloriser, croire en soi, rebondir dans tous les cas, NE PAS LACHER

Et pour que vos décisions deviennent concrètes, tout cela dépend de votre capacité à...

Quatrième leçon

Bâtir vos croyances ... et démarrer en trombe

Il y a une force qui contrôle toutes vos décisions. Elle influence votre manière de penser et vos sentiments au cours de toute votre vie. Elle régit tous vos actes. Elle détermine votre perception des événements. Cette force s'appelle vos *croyances personnelles.*

Lorsqu'on est convaincu de quelque chose, on transmet clairement à notre cerveau l'ordre d'agir de telle ou telle manière. Par exemple, ne vous a-t-on jamais demandé: «Pourrais-tu aller chercher le sel?» Vous êtes alors entré dans la cuisine en pensant: *«Je ne sais pas où se trouve le sel»*. Puis, vous avez fouillé dans toutes les armoires, en répondant: «Je ne le trouve pas». Et bien sûr, la personne qui vous avait demandé d'aller chercher le sel, est entrée dans la cuisine, s'est approchée de vous, vous a montré du doigt le sel qui se trouvait sous votre nez, en disant: «Et ça! Qu'est-ce que c'est?» C'était le sel, bien entendu! Était-il à cet endroit tout à l'heure? Parfaitement! Comment se fait-il que vous ne l'ayez pas vu? Car avant même de commencer votre recherche, vous n'étiez pas *convaincu* de le trouver à cet endroit.

Dès que nous entretenons une croyance à propos de quelque chose ou de quelqu'un, celle-ci détermine ce que nous voyons et ce que nous sentons. Saviez-vous que les croyances ont une telle puissance qu'elles peuvent même influer sur la couleur des yeux? C'est un fait! Selon le docteur Bernie Siegel, auteur du livre intitulé: *L'Amour, la médecine et les miracles,* et d'autres ouvrages à propos de la relation entre l'esprit et le corps, des chercheurs scientifiques ont constaté plusieurs phénomènes intéressants chez des sujets aux multiples personnalités: lorsque certains patients sont persuadés d'être quelqu'un d'autre, leur cerveau reçoit un ordre qui a pour effet de modifier les réactions biochimiques du corps – et la couleur de leurs yeux change au moment où ils adoptent leur nouvelle personnalité!

Vos croyances peuvent même affecter votre rythme cardiaque: les adeptes du vaudou meurent lorsqu'on leur jette un «sort», parce qu'ils transmettent à leur cœur l'ordre d'arrêter de battre.

Croyez-vous que vos croyances puissent affecter votre vie ou votre entourage? Sans aucun doute! Nos croyances ont une puissance formidable, aussi faites très attention à ce que vous choisissez de croire, surtout en ce qui vous concerne. Je peux vous assurer qu'au fil des ans, certaines croyances m'ont beaucoup aidé. J'en ai déjà mentionné quelques-unes dans ce livre:

- «Il y a toujours moyen de changer le cours des événements, si je m'y engage fermement.»
- «Dans la vie, il n'y a pas d'échec. Du moment que je tire une leçon des événements, je considère que j'ai réussi.»
- «Ce n'est pas parce que le destin nous refuse quelque chose à une période donnée qu'il faut considérer ce refus comme définitif.»

- «Notre passé n'a rien à voir avec notre avenir.»
- «Je peux à tout moment changer le cours de ma vie en prenant une nouvelle décision»

Ces croyances ont orienté ma façon de penser et d'agir. Elles m'ont aidé à changer le cours des événements, à surmonter d'énormes obstacles et à réussir ma vie.

> *«Avoir la foi, c'est croire en ce que l'on ne voit pas encore; cette foi est récompensée lorsqu'on voit enfin ce en quoi on croyait.»*
>
> Saint Augustin

Qu'est-ce qu'une croyance après tout? Souvent, nous parlons de choses sans vraiment en avoir une idée claire, sans connaître la question. La plupart des gens pensent que leurs croyances reflètent la réalité, alors qu'en fait il s'agit d'un **sentiment de certitude** quant à la signification des choses. Lorsque vous vous dites que vous êtes intelligent, tout ce que vous vous répétez en réalité, c'est: «*Je suis certain d'être* intelligent.» Et c'est la force de cette conviction qui vous permet de faire appel à vos ressources de façon à agir intelligemment et à obtenir les résultats que vous désirez. Nous connaissons les réponses à une multitude de problèmes – ou du moins, nous avons accès à ces solutions par le biais d'autrui. Mais souvent nos doutes ou notre manque de certitude nous rendent incapables d'utiliser nos talents et nos capacités.

La façon la plus simple de comprendre en quoi consiste une croyance, c'est de réfléchir à ce qui en constitue le point de départ: une idée. De nombreuses idées peuvent vous venir en tête sans que vous y croyiez pour autant. Examinons, par exemple, l'idée selon laquelle vous croyez être une personne aimante. Prenez quelques secondes et répétez-vous: «Je suis une personne aimante».

Selon le degré de certitude dont vous faites preuve en répétant cette phrase «Je suis une personne aimante», cela restera une simple idée ou cela deviendra une croyance. Si vous pensez: «Je ne suis pas vraiment une personne aimante», ce que vous dites en fait, c'est: «Je ne suis pas *vraiment certain d'être une personne aimante.*»

Comment transformons-nous une idée en croyance? Permettez-moi de vous suggérer une métaphore simple pour décrire ce processus: si vous avez assez d'imagination pour vous représenter une *idée* sous l'aspect d'une table n'ayant qu'un ou deux pieds, vous comprendrez déjà pourquoi les idées sont loin d'être aussi solides que les croyances. Sans ses quatre pieds, la table ne peut même pas tenir debout toute seule. Par contre, une croyance est une table munie de quatre pieds solides. Si vous croyez sincèrement: «Je suis une personne aimante», comment savez-vous que c'est réellement le cas? N'est-il pas vrai que vous avez certains points de référence qui corroborent cette idée? Autrement dit, est-ce que cette déclaration est fondée sur des *expériences* passées? Voilà donc de quoi sont faits les «pieds» qui rendent votre table solide – qui vous rendent *certain* de l'exactitude de vos croyances.

Sur quels points de référence et quelles expériences passées vous basez-vous pour établir avec certitude que vous êtes une personne aimante? Quelqu'un vous a peut-être dit que c'était le cas. Ou vous agissez peut-être tous les jours de façon à rendre la vie des autres plus douce et plus heureuse, ou vous leur donnez de l'espoir. En fait, vous manifestez peut-être de bons sentiments envers les autres, ce qui prouve bien que vous êtes effectivement une personne aimante. Et pourtant, toute votre expérience n'est utile que si vous vous en servez pour renforcer l'idée que vous êtes bien une personne aimante. Ce faisant, vous vous sentez plus solide, plus certain de la véracité de l'idée et vous commencez à y croire. Une fois vos idées munies de pieds solides, vos croyances s'en trouvent automatiquement renforcées.

Quels sont les points de référence et les expériences qui font que vous êtes si certain d'être une personne aimante ?

Une fois que vous aurez compris que les croyances sont structurées comme des tables, vous pourrez commencer à en examiner les diverses composantes, ce qui vous permettra de les modifier. Mais d'abord, il est important de savoir qu'il est possible d'acquérir des croyances à propos de *tout*, si on trouve assez de «pieds» (au vrai sens du terme) pour les soutenir.

N'est-il pas vrai que vous avez vécu suffisamment d'expériences ou que vous connaissez assez de gens qui ont subi des injustices pour vous persuader aisément que les gens sont pourris et qu' ils n'hésiteraient pas à profiter de vous à la moindre occasion? Vous n'avez peut-être pas du tout envie de croire une telle chose, et je suis persuadé que vous savez très bien que ce genre de croyance ne vous mènera à rien. Mais pourtant, si vous le vouliez, ne disposez-vous pas de suffisamment de preuves, renforcées par vos expériences personnelles, qui pourraient appuyer cette idée et la transformer en certitude?

D'autre part, n'est-il pas également vrai aussi que vous avez vécu certaines expériences agréables, points de référence à l'appui, pour conclure, au contraire, que les gens sont foncièrement bons et qu'ils voudront nous aider si on s'intéresse vraiment à eux et qu'on les traite avec égards?

La question principale à se poser est la suivante: **laquelle de ces deux croyances est vraie? C'est celle que vous décidez de structurer dans votre mémoire. Cela dépend du choix que vous ferez**. La clé, c'est de décider quelles croyances vous aident à vous épanouir et lesquelles vous sapent votre énergie et vous enlèvent vos moyens.

Nos croyances constituent une extraordinaire source de pouvoir. Vous pouvez choisir quelles croyances adopter à votre sujet et vos convictions détermineront vos actes. L'important, c'est de choisir des croyances qui vous apportent soutien, espoir et énergie.

Quelles sont les trois croyances dont vous avez besoin dans l'immédiat? Avez-vous besoin de croire que vous avez suffisamment confiance en vous pour passer une entrevue dans le but de décrocher un nouvel emploi? ou de croire que vous avez la force de caractère nécessaire pour mettre fin à une relation qui vous pèse? ou avez-vous besoin de croire que vous vous aimez suffisamment pour rechercher une relation satisfaisante? Inscrivez au moins une croyance que vous devez adopter immédiatement:

Je dois croire:

____

____

____

____

Parfois, les gens me disent: «Ouais, Tony, j'ai déjà cru en quelque chose autrefois, mais ça n'a pas marché.» Comment pouvaient-ils être certains que cela ne marcherait pas? Ils auraient peut-être eu avantage à se donner plus de temps.

Peut-être pourraient-ils tirer un précieux enseignement de cette ancienne anecdote provenant de l'Inde. C'est l'histoire d'un fermier qui n'a qu'un seul cheval pour tirer sa charrue; mais un jour, le cheval s'enfuit. Ses voisins s'exclament: «C'est terrible!» Le fermier répond: «Peut-être.»

Le lendemain, il revient au champ en tirant deux chevaux par la bride. Ses voisins déclarent: «C'est merveilleux!

– Peut-être», répond le fermier.

Son fils essaie de dompter les chevaux et finit par se casser une jambe. «Oh! c'est terrible!», déclarent les voisins.

– Peut-être», dit-il.

Le lendemain, un officier de l'armée se présente au village pour recruter tous les hommes car la guerre vient d'être déclarée, mais ils ne peuvent pas emmener son fils blessé. Les voisins lui disent alors: «Quelle chance vous avez!»

D'après vous, que répondit-il? C'est exact: «Peut-être.»

Et l'histoire se poursuit, tout comme la vie. Si vous croyez en quelque chose, mais que cela n'a pas encore fonctionné, vous portez peut-être un jugement trop hâtif. Quand vous pensez que vous traversez une période très difficile, ce n'est peut-être pas le cas. C'est peut-être seulement temporaire.

N'oubliez jamais que votre capacité à porter des jugements sages dépend surtout des possibilités que vous envisagez, car ...

Cinquième leçon

C'est en vous concentrant sur vos objectifs qu'ils se matérialiseront

Bien des gens désirent changer leur perception des choses, mais ils ne savent pas comment s'y prendre. La façon la plus rapide de modifier votre perception des événements, c'est de changer les pensées sur lesquelles vous vous concentrez. Si vous vouliez vous sentir déprimé à l'instant même, cela serait relativement facile, n'est-ce pas? Tout ce que vous auriez à faire, c'est de penser à un événement douloureux de votre passé et de concentrer toute votre attention sur cette pensée. En y pensant assez longtemps, vous vous sentirez à nouveau déprimé, comme quand l'événement s'est produit naguère.

Voilà qui est parfaitement ridicule! Regarderiez-vous le même film minable plusieurs fois de suite? Certainement pas! Alors, pourquoi regarder un mauvais film dans votre esprit? Cette expérience démontre clairement qu'il est très facile de se laisser aller à des sentiments négatifs – et à quel point il est important de contrôler les pensées sur lesquelles vous vous concentrez. Même si vous vivez des moment pénibles, vous devez vous concentrer sur ce que vous *pouvez* faire, sur ce que vous *pouvez* contrôler.

Par contre, si vous vouliez éprouver immédiatement un sentiment de bien-être, cela vous serait tout aussi facile, n'est-ce pas? Vous pourriez vous concentrer sur un événement qui vous a rendu heureux, qui vous a fait éprouver des sentiments positifs à l'égard de votre famille ou de vos amis, ou envers vous-même. Vous pourriez vous concentrer sur un bienfait de la vie dont vous êtes reconnaissant aujourd'hui. Ou vous pourriez vous concentrer sur l'avenir avec une telle intensité que vous en éprouveriez d'avance un sentiment de joie intense! Cela vous donnerait l'énergie nécessaire pour mettre les choses en branle.

Permettez-moi de vous donner un exemple simple. Imaginons que vous assistez à une réception et que vous apportez une caméscope. Pendant la soirée, vous braquez cette caméra vidéo sur le coin gauche de la pièce où se trouve un couple en pleine dispute. Étant donné que votre objectif est fixé sur eux, vous pourriez facilement vous sentir affecté par leur colère et leur tristesse. *Étant donné* que vous concentrez votre attention sur leur rage, vous êtes probablement en train de penser: « *Quel couple lamentable. Quelle réception* lamentable. »

Que se serait-il produit si, au cours de cette même soirée, vous aviez concentré votre attention sur le coin droit de la pièce? Là, se trouve un groupe de personnes en train de plaisanter et de rire; loin de se quereller, elles s'amusent follement. Dans ce cas, si quelqu'un vous demandait: «Comment était la soirée?», vous répondriez: «C'était une réception *très réussie*!» La conclusion est simple: les gens peuvent prêter attention à un nombre infini de choses, mais beaucoup d'entre nous choisissons de nous concentrer sur ce qui est épouvantable, sur ces facteurs qui échappent à notre contrôle.

Focalisez votre attention dans la bonne direction

Comprenez-vous pourquoi le point sur lequel vous portez votre attention est tellement important? Cela contrôle votre façon de percevoir le monde ainsi que les actes que vous posez. Pensez-vous que cela contrôle également les sentiments que vous éprouvez? Il n'y a aucun doute là-dessus.

Votre centre d'attention peut littéralement vous sauver la vie. L'un de mes passe-temps préférés est la course automobile. Je n'oublierai jamais la principale leçon que j'ai apprise, alors que je suivais des cours dans une école pour pilotes de voitures de course. Le professeur nous a dit: «Le principal, c'est de vous rappeler comment reprendre le contrôle de votre voiture lorsque vous dérapez.» (N'est-ce pas là une bonne métaphore pour la vie? Nous avons parfois l'impression de déraper et nous nous sentons incapables de reprendre les commandes de notre existence). «Le secret est très simple», continua le professeur. «La majorité des gens se concentrent sur leur peur lorsque la voiture dérape: ils voient le mur sur lequel ils risquent de s'écraser. Vous devez plutôt vous concentrer sur l'endroit *où vous voulez mener votre voiture.*» Je suis sûr que vous avez entendu parler de gens qui se baladent sur une route de campagne dans leur voiture sport et qui perdent soudain le contrôle du volant. Il n'y a qu'un poteau téléphonique dans un rayon de plusieurs kilomètres, et ils réussissent malgré tout à s'écraser dessus. Pourquoi? Car dès qu'ils perdent le contrôle de leur véhicule, les gens se concentrent précisément sur ce qu'ils cherchaient à éviter et ils établissent ainsi une connexion avec l'objet en question.Vous devez comprendre que l'on se rapproche toujours de notre centre d'attention.

L'instructeur m'a dit: «Nous allons utiliser une voiture spécialement conçue pour les dérapages. Il y a un ordinateur à bord et lorsque je pousserai sur le bouton, votre roue quittera le sol et la voiture commencera à déraper. Au moment du dérapage, *ne regardez pas le mur.* **Concentrez votre attention sur l'endroit où vous voulez mener la voiture**.

– Aucun problème», lui dis-je, «j'ai compris.»

La première fois que nous prîmes la route, l'instructeur appuya sur le bouton. Soudain, la voiture se mit à déraper. Sur quoi ai-je porté mon regard, d'après vous? Parfaitement! Sur le mur! Pendant les dernières secondes qui me séparaient du mur, j'étais littéralement terrifié, car je savais que j'allais m'écraser dessus. Mais l'instructeur me saisit la tête et la tourna vers la gauche, ce qui me força à regarder dans la bonne direction. La voiture continuait à déraper et je savais que nous allions droit vers la collision, mais je fus forcé de regarder dans la direction où il avait placé mon visage. Et bien entendu, dès que je me concentrai sur la bonne direction, je réussis automatiquement à braquer le volant et à rectifier la trajectoire de la voiture. Je pus éviter l'accident de justesse. Vous pouvez facilement imaginer mon soulagement!

Voici la leçon à tirer de tout ceci: en général, quand on change son point de mire, on ne réussit pas *immédiatement* à changer de direction. C'est exactement ce qui se produit dans la vie, n'est-ce pas? Il y a souvent un temps mort entre le moment où vous changez votre centre d'attention et le moment où vous commencez à obtenir enfin des résultats. Cela confirme bien que vous devez dès à présent centrer votre attention sur vos objectifs de façon à résoudre vos problèmes sans plus tarder.

Revenons momentanément à notre histoire. Croyez-vous que la leçon m'a été profitable? Pas vraiment. La fois suivante, je continuai à me diriger droit sur le mur et l'instructeur dut me crier l'ordre de concentrer mon regard sur mon objectif. Par contre, la troisième fois, je réussis moi-même à tourner la tête au bon moment, confiant que ça marcherait et ça a marché. Maintenant, chaque fois que je fais des dérapages, je tourne automatiquement la tête dans la bonne direction et je redresse le volant. Est-ce là une garantie d'obtenir toujours de bons résultats en contrôlant mon point de mire? Non. Cela augmente-t-il mes chances de réussite? Sans le moindre doute!

Concentrez votre attention sur l'endroit où vous voulez mener la voiture.

Quel rapport cette anecdote a-t-elle avec vous? Vous et moi devons nous concentrer sur des solutions, sur notre objectif, plutôt que sur ce qui nous fait peur. **Les choses sur lesquelles vous centrez toute votre attention finissent par se matérialiser**.

Changer de point de concentration, prendre de nouvelles décisions, modifier nos croyances – est-il possible d'accomplir tout cela du jour au lendemain? Certainement pas. C'est comme faire de la musculation. Vos muscles ne se gonfleront pas instantanément comme ceux de Popeye*! C'est un processus graduel. Mais je vous garantis que le fait de modifier un tant soit peu votre centre d'attention se traduira par des changements spectaculaires.

Examinons à présent l'un des outils les plus puissants pour vous permettre de changer votre centre

* Note de l'Éditeur: Personnage de bande dessinée américaine dont les muscles se gonflent instantanément et se raffermissent aussitôt qu'il mange des épinards.

d'attention. C'est une technique que j'ai moi-même employée chaque jour depuis que j'ai décidé de réaliser mes rêves ...

Sixième leçon

Les questions renferment la réponse

La puissance des questions est telle que c'est le meilleur moyen de changer votre centre d'attention. Saviez-vous que le fait de poser la bonne question peut même vous sauver la vie?

C'est ce qui a sauvé la vie de Stanislavsky Lech. Un soir, les nazis firent irruption chez lui et le poussèrent, sa famille et lui, comme un troupeau de bétail, vers un camp de la mort à Cracovie, en Pologne. Les membres de sa famille furent exécutés sous ses yeux.

Affamé, affaibli et pleurant la mort des siens, il dut travailler de l'aube au crépuscule aux côtés d'autres prisonniers du camp de concentration. Comment était-il possible de survivre à de telles horreurs? Il réussit à s'accrocher quelque temps. Mais un jour, l'horreur du cauchemar qu'il vivait fut telle, qu'il décida que s'il restait, ne serait-ce qu'un jour de plus, il en mourrait. Il décida de s'enfuir. Mais surtout, il était convaincu d'une chose, même si personne n'avait jamais réussi à s'échapper auparavant, il existait certainement un moyen.

Le centre de ses préoccupations changea et au lieu de se demander comment survivre, il se posa la question suivante: «Comment puis-je m'échapper de cet enfer?» La même réponse lui revenait sans cesse à l'esprit: «Ne sois pas ridicule! C'est impossible. Ce genre de question ne sert qu'à te torturer l'esprit.» Mais il ne pouvait se résigner à accepter cette réponse. Il se demandait constamment: «Que faire? Comment sortir d'ici? Il existe sûrement un moyen.»

Un jour, monsieur Lech trouva la réponse. Il sentit l'odeur de chair en décomposition qui émanait des cadavres d'hommes, de femmes et d'enfants qui avaient été asphyxiés dans des chambres à gaz. Les corps se trouvaient à peine à quelques mètres de l'endroit où il travaillait, empilés sur la plate-forme arrière d'un camion. Au lieu de s'attarder à se demander comment le Seigneur avait pu permettre qu'un acte aussi monstrueux soit commis, il se posa la question suivante: «Comment puis-je tirer parti de cette situation pour m'échapper?»

Au coucher du soleil, alors que les Allemands s'éloignaient pour rejoindre leur caserne, il se dévêtit et se précipita pour se glisser parmi les cadavres, à l'insu des soldats.

Il feignit d'être mort et attendit, écrasé sous le poids des cadavres dont l'odeur insupportable lui donnait la nausée. Il entendit enfin le moteur vrombir. Après un court trajet, le chauffeur s'arrêta et déversa les tas énormes de corps dans une fosse à ciel ouvert, puis s'éloigna. Stanislavsky resta immobile et attendit jusqu'à ce qu'il soit certain que personne ne se trouvait dans les parages. Puis il s'élança et parcourut, nu, les 40 kilomètres qui le séparaient de la liberté.

Comment se fait-il que Stanislavsky Lech connut un sort différent de celui des millions de personnes qui périrent dans des camps de concentration? Plusieurs facteurs peuvent l'expliquer mais la raison principale, c'est qu'il se posa une question différente et ce, sans relâche, certain de trouver la réponse au bout du compte.

C'est une bonne question!

Nous nous posons des questions à longueur de journée. Ces mêmes questions contrôlent notre façon de penser, nos sentiments et les points sur lesquels nous choisissons de centrer notre attention.

C'est en posant les bonnes questions que j'ai réussi à transformer ma vie. J'ai cessé de me demander: *«Pourquoi la vie est-elle si injuste?»* et: *«Pourquoi mes plans échouent-ils toujours?» Au lieu de cela, j'ai commencé à me poser des questions qui pouvaient m'apporter des réponses utiles.*

> *«Demandez et l'on vous donnera; cherchez et vous trouverez; frappez et l'on vous ouvrira.»*
>
> (Matthieu 7, 7)

J'ai d'abord formulé un certain nombre de questions pour m'aider à résoudre mes problèmes. Ces questions me permettent de me préparer à trouver des solutions chaque fois qu'un problème surgit.

Quelques questions menant à la résolution de problèmes

1. Quel parti puis-je tirer de ce problème?
2. Que faut-il encore améliorer?
3. Que suis-je prêt à faire pour que les choses tournent comme je le veux?
4. Quels comportements suis-je prêt à modifier pour parvenir à mon but?
5. Comment rendre agréables les étapes que je dois franchir tout en faisant le nécessaire pour réaliser mes objectifs?

Si vous éprouvez quelques difficultés à répondre à certaines de ces questions, employez le verbe «pourrait». Comme par exemple: «Qu'est-ce qui *pourrait* me rendre heureux dans ma situation actuelle?»

Je me pose également un certain nombre de questions précises le matin, au lever, et quelques questions le soir, avant de me coucher. Cela m'aide à me sentir bien dans ma peau dès le réveil et à finir la journée sur une note extrêmement positive.

Les questions énergisantes du matin

1. Quels sont les aspects de ma vie dont je suis heureux actuellement? Pour quelle raison en suis-je heureux? Quel effet cela a-t-il sur moi?
2. Qu'est-ce qui me stimule actuellement? Pour quelle raison est-ce que je me sens stimulé? Quel effet cela a-t-il sur moi?
3. Quelles sont les choses dont je peux être fier en ce moment? Pourquoi est-ce que j'en ressens de la fierté? Quel effet cela a-t-il sur moi?
4. Quels sont les bienfaits de la vie dont je suis reconnaissant en ce moment? Pour quelle raison est-ce que j'en éprouve de la reconnaissance? Quel effet cela a-t-il sur moi?
5. Quelles sont mes activités préférées en ce moment? Qu'est-ce qui me procure le plus de satisfaction? Quel effet cela a-t-il sur moi?
6. Qu'est-ce que je me suis engagé à accomplir dans le présent? Pour quelle raison ai-je pris cet engagement? Quel effet cela a-t-il sur moi?
7. Quelles sont les personnes que j'aime? Qui m'aime? Quel effet cela a-t-il sur moi?

Les questions énergisantes du soir

1. Qu'est-ce que j'ai donné aujourd'hui? En quoi me suis-je montré généreux?
2. Qu'ai-je appris aujourd'hui?
3. En quoi cette journée a-t-elle contribué à améliorer ma qualité de vie? Que puis-je en retirer pour mon avenir?

Ces questions ont été mes bouées de sauvetage. Elles vous permettront de changer votre centre d'attention et de transformer votre vie.

L'art de poser la bonne question

Une fois que vous aurez appris à vous poser des questions qui décuplent votre puissance d'action, vous pourrez non seulement améliorer votre vie, mais également aider les autres. Un jour, à New York, j'ai invité l'un de mes amis et associé à déjeuner. C'était un avocat réputé qui avait brillamment réussi dans le monde des affaires. Je l'admirais car il avait travaillé d'arrache-pied depuis qu'il était jeune et il avait réussi à mettre sur pied un cabinet d'avocats très bien coté. Mais ce jour-là, il avait subi une cuisante défaite, du moins c'est ainsi qu'il percevait la situation. Son associé l'avait quitté et il se retrouvait seul à assumer des frais généraux très élevés. Il ne savait absolument pas comment se sortir de cette impasse.

N'oubliez pas ceci: son interprétation de la situation découlait de son centre d'attention. Dans toute situation, vous pouvez vous concentrer sur les aspects positifs ou sur les aspects négatifs. **L'absolu n'existe pas: la réalité est toujours le produit d'une interprétation subjective**. Le problème est qu'il se posait les mauvaises questions: «Comment mon associé a-t-il pu m'abandonner comme ça? Est-il indifférent aux conséquences que cela entraîne pour moi? Ne se rend-il pas compte qu'il est en train de détruire ma vie? Il n'a pas l'air de réaliser que je ne peux pas m'en tirer sans lui. Comment vais-je expliquer à mes clients que je dois fermer boutique?» Toutes ces questions reposaient sur l'hypothèse que sa vie était bel et bien finie.

Ces questions ont été mes bouées de sauvetage.

J'aurais pu aider mon ami de plusieurs façons, mais je décidai de lui poser simplement quelques questions. Je commençai donc par lui poser les questions énergisantes du matin, puis les questions menant à la résolution de problèmes.

Je lui demandai tout d'abord: «Qu'est-ce qui te rend heureux? Je sais que ça a l'air stupide et ridicule et que tu penses peut-être que je fais preuve d'un optimisme exagéré, mais dis-moi quelles sont les choses qui te rendent heureux.» Il répondit tout d'abord: «Rien.»

Je lui dis alors: «*Si tu voulais te sentir heureux*, à quoi *pourrais-tu* penser?» Il réfléchit quelques instants et répondit ensuite: «Ma conjointe me rend très heureux. Sa situation est excellente en ce moment et nous sommes très proches l'un de l'autre.» Je lui demandai ensuite: «Quel effet cela a-t-il sur toi, lorsque tu penses à la merveilleuse relation que vous avez?» Il répliqua: C'est l'un des plus beaux cadeaux que la vie ait pu me faire.» «C'est une femme extraordinaire, n'est-ce pas?», lui dis-je. Il commença à se concentrer sur les sentiments qu'il éprouvait à l'égard de sa conjointe, et il se sentit tout de suite plus serein.

Vous pensez peut-être que j'essayais de le distraire, mais en fait je l'aidais vraiment à améliorer son état psychique, et quand on se sent mieux sur le plan affectif, on trouve plus facilement des solutions.

Je lui demandai ensuite de me parler des autres choses qui le rendaient heureux. Il commença à me parler d'un écrivain. Il l'avait aidé à négocier son premier contrat de publication. L'écrivain était aux anges et mon ami me dit qu'il *devrait* se sentir fier de l'avoir aidé, mais que ce n'était pas le cas.

«Si tu étais fier de toi», lui dis-je, «*qu'est-ce que tu ressentirais*?» Il se mit à réfléchir à ce qu'il éprouverait et son état psychologique commença à changer. Je lui demandai ensuite: «Y a-t-il d'autres choses dont tu te sens fier?» Il répondit: «Je suis très fier de mes enfants. Ils se dévouent beaucoup pour les autres et ils sont indépendants. Je suis fier des adultes qu'ils sont devenus et du fait qu'ils soient mes enfants. Ils font partie de l'héritage que je laisserai derrière moi.

– Quel effet cela a-t-il sur toi de savoir que tu as été un si bon père et que, grâce à toi, tes enfants sont devenus des adultes heureux et équilibrés?», lui demandai-je. En pensant à tout cela, cet ami – qui venait de me dire qu'il était au bout du rouleau – revint à la vie.

Je lui demandai ensuite s'il était reconnaissant de certaines choses dans la vie. Il répondit qu'il se sentait reconnaissant d'avoir réussi à traverser des moments difficiles lorsqu'il était jeune et qu'il débutait à peine dans sa carrière. Il me dit qu'il avait commencé au bas de l'échelle et qu'il avait réalisé le «rêve américain», c'est-à-dire qu'il avait brillamment réussi en partant de rien. Je lui demandai ensuite: «Qu'est-ce qui te stimule vraiment?» Il répondit: «**En fait, ça me stimule beaucoup d'avoir l'occasion d'apporter des changements à ma vie actuelle.**»

Depuis le début de notre conversation, c'était la première fois qu'une pensée de ce genre lui était venue à l'esprit. C'était bien sûr attribuable au fait que son état d'esprit avait changé du tout au tout. Je lui demandai: «Qui aimes-tu et quels sont les gens qui t'aiment?» Il commença à me parler de sa famille et à me dire qu'ils étaient tous très proches les uns des autres.

Je lui posai ensuite une question très difficile: «Quelle est la chose la plus positive à propos du départ de ton associé?» Il répondit: «Tu sais, ce qui pourrait être vraiment positif, c'est que je déteste aller en ville tous les jours et que j'adore être dans ma maison, au Connecticut. Ce qui est aussi extrêmement positif dans cette histoire, c'est que ça me donne l'occasion d'analyser toute ma situation sous un nouvel angle.» Tout un éventail de nouvelles possibilités lui vint à l'esprit et il décida d'ouvrir un nouveau bureau au Connecticut, à 5 minutes de chez lui, de faire participer son fils à ses affaires et d'installer un répondeur qui enregistrerait ses appels à Manhattan. Il se sentit tellement enthousiasmé à cette idée qu'il décida de se chercher immédiatement un nouveau bureau.

En quelques minutes, le pouvoir que renferment les questions avait produit son effet. Il est certain qu'il disposait déjà de ces ressources; mais les questions qu'il s'était posées lui avaient donné un sentiment d'impuissance: il s'était perçu comme un vieil homme venant de perdre tout ce qu'il avait réussi à bâtir. En réalité, la vie venait de lui faire un merveilleux cadeau. Mais ce n'est que lorsqu'il commença à se poser les questions justes que la vérité se fit jour dans son esprit.

Une bonne compréhension des mécanismes physiologiques constitue également un puissant outil de changement qui peut nous permettre de transformer notre vie. Voyons un peu ce que j'entends par là...

Septième leçon

Découvrez vos ressources cachées!

La plupart d'entre nous savons que nos émotions se répercutent sur notre état physique. Mais fort peu de gens réalisent que l'inverse est également vrai: notre état physique se reflète sur nos émotions, car les deux sont inséparables.

Il est essentiel de prendre conscience du fait que les émotions sont créées par le mouvement. Notre façon de bouger influe sur nos pensées, sur nos sentiments, et sur notre comportement. Le mouvement affecte les réactions chimiques du corps; cela inclut n'importe quel type d'activité, qu'il s'agisse d'activités qui exigent une certaine dépense d'énergie physique (faire de la course à pied, frapper dans ses mains, sauter), ou au contraire de minuscules contractions dans les muscles du visage.

Quelle image projette une personne déprimée, par exemple? Si vous avez déjà été déprimé, vous souvenez-vous de l'effet que cela avait sur votre corps? Aviez-vous du mal à respirer? Lorsqu'on se *sent* déprimé, le *corps* réagit d'une certaine manière. Vos épaules sont-elles affaissées ou vous tenez-vous droit, les épaules bien dégagées? La réponse est évidente, n'est-ce pas? Avez-vous la tête basse? Baissez-vous le regard? Aviez-vous du mal à respirer? Il faut dépenser de l'énergie pour être déprimé. Vous savez à quel point la dépression vous affecte sur le plan physique, car nous sommes tous passés par là. Même Charlie Brown, le héros des bandes dessinées *Peanuts*, de Charles Schultz.

Je vais vous faire part d'une intéressante découverte scientifique. De nombreux chercheurs ont étudié l'impact des émotions sur le corps; ce n'est que récemment que la science s'est penchée sur l'effet que le corps a sur les émotions. Tout le monde sait que l'on rit et que l'on sourit lorsqu'on est de bonne humeur. Selon les conclusions de l'une de ces études, il est encore plus important de savoir que le sourire et le rire déclenchent des processus biologiques qui produisent un état physique agréable, plaisant. L'action de rire et de sourire augmente l'apport d'oxygène au cerveau et stimule la production de neurotransmetteurs. Les neurotransmetteurs sont les messagers du cerveau: ce sont des substances chimiques qui assurent la transmission des messages qu'envoie le cerveau. Le même processus s'applique à d'autres expressions corporelles. Faites l'essai suivant: faites volontairement apparaître sur votre visage une expression de crainte, de colère, de dégoût ou de surprise, et vous verrez que cela suscite immédiatement ces sentiments en vous.

Il y a de nombreuses années, l'une des principales méthodes que j'ai employées pour transformer ma vie a été de changer ma façon de bouger, de gesticuler, et ma façon de parler. Au tout début, je me sentais un peu ridicule; j'avais l'impression «de prendre des airs». Mais je me suis rendu compte qu'en bougeant différemment mon corps, j'envoyais littéralement un message à mon cerveau, par le biais de mon système nerveux, concernant les attentes que j'avais envers moi-même.

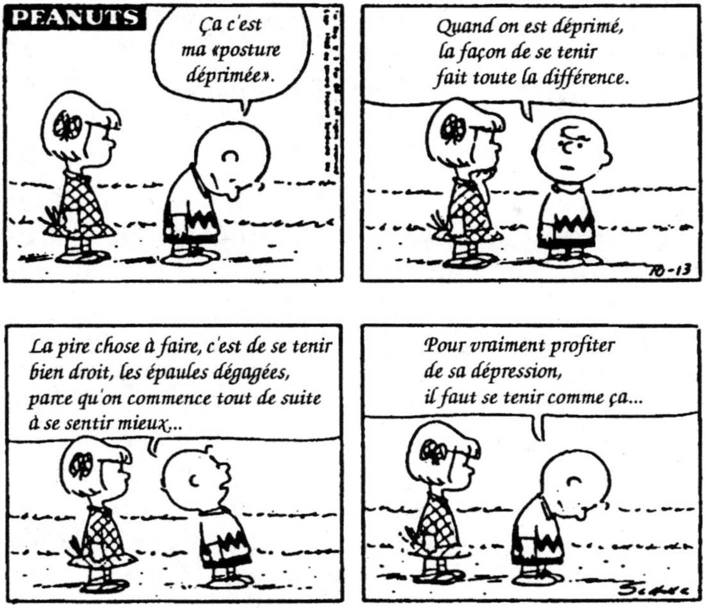

C'est ainsi que j'ai pu commencer à travailler sur mes émotions et sur mon attitude mentale. J'ai commencé à entretenir des pensées plus dynamiques et à me fixer un plan d'action beaucoup plus concret. Mon attitude était plus positive et j'étais beaucoup plus déterminé à agir. Au tout début, le secret était d'agir consciemment et délibérément jusqu'à ce que j'assimile ces mouvements qui ne m'étaient pas familiers.

Par ailleurs, au bout d'un certain temps, je n'avais même plus besoin d'y penser. Ce n'était plus une attitude artificielle. J'avais enfin acquis des habitudes positives, profondément ancrées, que j'avais assimilées dans mon système nerveux et sur le plan mental.

J'avais observé les mouvements d'autres personnes qui avaient grande confiance en elles-mêmes. Je les ai imitées avec la même intensité. Cela m'a donné une perspective entièrement différente de la vie et m'a rendu beaucoup plus persuasif. J'ai pu commencer à exercer une influence positive, non seulement sur moi-même, mais également sur mes amis et mes associés.

On peut littéralement transformer sa vie en apprenant à bouger différemment. Vous trouverez peut-être ce concept trop simpliste, mais c'est un fait. Plus vous changez votre façon de vous mouvoir, plus vous observerez un changement sur le plan psychologique et sur votre comportement de tous les jours. Voici une suggestion: la prochaine fois que vous vous sentirez frustré, levez-vous pendant quelques instants, étirez-vous, respirez profondément, affichez un sourire béat sans aucune raison et posez-vous la question suivante: «Quel est l'aspect positif de tout cela?», «Quel est le côté absurde?», «Quel est l'aspect comique?», «Est-ce que ce «problème» aura une importance quelconque dans dix ans?» Votre état d'esprit sera beaucoup plus positif si vous réussissez à modifier vos réactions physiologiques et à changer votre centre d'attention. Une fois que vous aurez acquis une nouvelle perspective des choses, vous serez en mesure de surmonter vos difficultés beaucoup plus facilement.

Connaissez-vous quelqu'un qui bouge d'une façon qui vous plaît? Y a-t-il des amis, des membres de votre famille, des professeurs, des acteurs, des danseurs, des conférenciers ou d'autres modèles de rôle que vous aimeriez imiter? Imaginez cette personne. Même si vous n'êtes pas vraiment sûr de sa façon de bouger ou de parler, vous avez certainement une idée approximative.

Supposons que vous êtes un sportif professionnel et que vous venez de marquer le point décisif qui a permis à votre équipe de remporter la finale d'un match de championnat d'envergure nationale. Quelle serait votre démarche? Auriez-vous la tête basse et les épaules affaissées? Certainement pas! Vous seriez en train de vous pavaner! Votre attitude corporelle manifesterait: «Je suis le meilleur!» Cela changerait-il vos sentiments et votre façon d'agir? Il n'y a aucun doute à ce sujet!

Vous observerez qu'en bougeant de la même façon que quelqu'un d'autre, vous commencerez à éprouver des sentiments très semblables. Dès maintenant, avant de passer au chapitre suivant, faites-en donc l'expérience. Levez-vous, et au fur et à mesure que vous lisez cette page, pensez à l'un de vos objectifs ou à l'un de vos désirs, à quelque chose que vous voulez véritablement réaliser. Tout en y pensant, commencez à espérer que cela se produira. Adoptez la même posture que lorsque vous espérez quelque chose, lorsque vous n'êtes pas certain que les choses se dérouleront tel que vous l'espérez. *Vous espérez que ça va marcher. Vous espérez qu'aucun obstacle ne viendra ruiner vos plans.* De quelle façon respirez-vous lorsque vous n'êtes pas sûr, lorsque vous vous contentez d'espérer? Quelle est l'expression sur votre visage quand vous espérez quelque chose? Comment placez-vous vos épaules? De quelle façon le poids de votre corps est-il réparti sur vos membres et sur votre dos? Quelle image vous vient à l'esprit lorsque vous espérez pouvoir atteindre un objectif? Et lorsque vous imaginez un scénario positif et un scénario négatif? Faites-en l'essai dès maintenant. Ne vous contentez-pas simplement de lire les mots sur cette page.

Imaginez à présent que vous êtes *inquiet.* Commencez délibérément à vous faire du souci à propos de vos objectifs; faites cela pendant quelques minutes pour voir quel effet cela aura sur votre corps. Que faites-vous de vos mains lorsque vous êtes inquiet? Dans quelle position se trouvent vos épaules? Ressentez-vous de la tension à un endroit particulier de votre corps? Est-ce que le rythme de votre respiration ralentit ou bien vous empêchez-vous de respirer? Les muscles de votre visage sont-ils tendus?

Quel est le ton de votre voix lorsque vous êtes inquiet? Que visualisez-vous? Vous imaginez-vous en train d'échouer? Imaginez-vous le pire scénario possible? Faites-en à nouveau l'essai: mettez-vous volontairement dans cet état et observez de quelle façon votre corps réagit.

Sortez à présent de cet état et ayez la certitude de réussir. Concentrez-vous sur votre objectif et, dès à présent, respirez et adoptez la posture que vous auriez si vous étiez absolument certain de parvenir à votre but. Comment vous tiendriez-vous s'il n'y avait aucun doute dans votre esprit? Quelle posture adopteriez-vous? Mettez-vous dans cet état d'esprit tout de suite, au moment même où vous lisez ces mots. Comment respireriez-vous? Quelle serait l'expression de votre visage? Que faites-vous de vos mains lorsque vous êtes absolument certain de réussir?

Examinez à présent votre posture. Elle est très différente de celle que vous adopteriez si vous étiez inquiet ou plein d'espoir, n'est-ce pas? Comment le poids de votre corps est-il réparti? Est-il équilibré? Si vous éprouvez une réelle certitude, vous vous sentirez probablement parfaitement centré. Quelles images vous viennent à l'esprit? Je parie que vous n'envisagez plus guère la défaite, mais bien la victoire.

Comment faire pour vous sentir victorieux tous les jours? Analysez la posture et les mouvements de gens ayant brillamment réussi; calquez à présent vos mouvements sur les leurs: leurs gestes, leur respiration, leur démarche. Ou, mieux encore, calquez les mouvements que vous faites lorsque vous réussissez une performance de très haut niveau, ou lorsque vous vivez un moment d'euphorie. Vous verrez qu'il ne s'agit pas simplement d'un jeu, mais d'une façon d'avoir accès à l'intelligence inouïe que contient chaque cellule de votre cerveau et de votre corps. En adoptant les mêmes mouvements et le même rythme de respiration, vous récolterez les mêmes récompenses.

Lorsque vous aurez l'occasion de faire la connaissance de modèles de succès, de confiance et de bonheur, ne vous bornez pas à analyser uniquement leurs mouvements. Apprenez également à les écouter. Prêtez attention à leur façon de s'exprimer et vous apprendrez ainsi à acquérir...

Huitième leçon

Le vocabulaire du succès

Il y a plusieurs années, j'ai eu l'occasion de participer à une réunion d'affaires qui m'a ouvert les yeux: j'y ai appris que les mots ont un pouvoir incroyable. J'étais accompagné de deux hommes que je connaissais depuis longtemps; nous venions de nous apercevoir que l'un de nos associés avait tenté de profiter de nous. J'étais bouleversé par la situation. Je dirais même que j'étais carrément fâché.

L'un de mes associés était tellement contrarié que le sang lui était monté au visage. «Je suis *furieux*! », explosa-t-il. Je lui demandai pourquoi il était si fâché. «Parce que lorsqu'on est vraiment fâché, ça donne une force incroyable et ça permet de renverser la situation! »

Mais mon autre associé restait tranquillement assis. Il était «légèrement agacé», dit-il. *Agacé?* «Comment se fait-il que tu sois légèrement agacé au lieu d'être furieux? », lui dis-je.

– Lorsqu'on se fâche, on perd le contrôle de soi, ce qui permet à l'adversaire de gagner la partie», dit-il.

Agacé. «C'est vraiment le mot le plus stupide que j'ai jamais entendu», me dis-je en moi-même. «*Comment un type ayant brillamment réussi peut-il utiliser ce genre de mots, tout en gardant son sérieux ?»*

La réponse est précisément *qu'il ne gardait pas son sérieux.* Il semblait même avoir conservé le sens de l'humour. Il semblait presque content de discuter de sujets qui m'auraient rendu fou dans d'autres circonstances. Son choix de mot avait eu un effet manifeste sur lui – ainsi que sur moi. Il me sembla que le fait d'employer le terme «agacé» atténuait ma colère.

Je décidai d'en faire moi-même l'expérience. Je partis en voyage d'affaires, mais à mon arrivée à l'hôtel, j'appris qu'on ne m'avait pas réservé de chambre. «Excusez-moi», dis-je, «mais plus je passe de temps debout à la réception, plus je me sens *agacé.*» L'employé me lança un regard embarrassé; il ne savait visiblement pas comment réagir et il me sourit malgré lui. Je dus lui répondre par un sourire.

Au cours des semaines suivantes, j'employai ce mot à de nombreuses reprises. Chaque fois, ce mot me semblait si risible que cela atténuait ma colère et faisait baisser mon niveau de frustration.

Il ne s'agissait que d'un simple mot, mais les mots précis que nous employons dans notre dialogue intérieur contrôlent notre façon de penser. Et nos pensées déterminent nos sentiments et nos actes.

Si vous vous répétez que vous êtes «fâché», «dégoûté» ou «au bout du rouleau», quels sentiments allez-vous éprouver? Quel genre de questions vous poserez-vous? Sur quoi concentrerez-vous votre attention? Votre tension artérielle grimpera probablement de façon vertigineuse!

Mais supposons un instant qu'au lieu d'employer le terme «fâché», vous utilisiez le mot «agacé»? Au lieu de vous dire que vous êtes débordé, dites plutôt que vous êtes « très demandé ». Remplacez le terme « dégoûté » par « ennuyé » et le mot « irrité » par « stimulé ». Lorsque vous vous sentez « rejeté », répétez-vous plutôt qu'on vous a « mal compris ». Et au lieu de vous dire que vous êtes « au bout du rouleau », pourquoi ne pas adopter plutôt l'expression « légèrement préoccupé » ? Croyez-vous que cela aurait un effet positif sur vos émotions? Sans aucun doute!

Peut-être que cet outil vous semble d'une simplicité qui frise le ridicule. Il est difficile de croire que notre choix de mots puisse influer sur nos émotions à ce point! Mais c'est un fait que les mots ont effectivement le pouvoir de changer notre état psychologique. C'est le formidable pouvoir des mots qui fait que nous sommes émus en lisant la description que Martin Luther King fils fait de son rêve. C'est la raison pour laquelle le discours de John F. Kennedy, portant sur la responsabilité de chaque citoyen envers son pays, nous va droit au cœur. Et pourtant ces deux hommes sont morts depuis longtemps. Mais la puissance des mots transcende les frontières du temps. Les mots sont éternels...

Les mots ont un impact sur nos émotions et pourtant la plupart d'entre nous n'avons pas réellement conscience des termes que nous employons tous les jours pour communiquer avec les autres – et avec nous-même. Nous sommes encore moins conscients de l'influence qu'ont les mots sur nos pensées et nos sentiments chaque instant de notre vie. Si l'on vous disait par exemple que vous *faites erreur*, cela entraînerait une certaine réaction de votre part. Par contre, si l'on vous disait que *vous avez tort*, votre réaction serait peut-être plus marquée. Mais si l'on vous disait que vous *mentez*, vous auriez peut-être une réaction beaucoup plus violente et vos sentiments se modifieraient à l'instant. Et pourtant, votre interlocuteur n'aurait changé qu'un seul mot!

En super forme!

L'inverse est également vrai. Vous pouvez décupler l'intensité de vos émotions positives en changeant simplement votre façon de les décrire.

Dites que vous vous sentez «euphorique», au lieu de dire que «ça va». Éprouvez de l'«enthousiasme», plutôt que de l'«intérêt». Sentez-vous en pleine forme, plutôt que «pas mal». Lorsqu'on vous demande comment ça va, répondez «super!», au lieu de dire «bien». Vous n'êtes pas simplement «déterminé», vous êtes «une dynamo que rien n'arrête»!

Apprêtez-vous donc à passer un nouveau genre de test de vocabulaire. Dressez une liste des mots que vous employez pour décrire vos émotions lorsque les choses vont mal. Pensez ensuite aux nouveaux termes que vous pourriez employer à la place. Choisissez des termes drôles si vous voulez. Amusez-vous!

Vous pouvez décupler l'intensité de vos émotions positives en changeant simplement votre façon de les décrire.

Neuvième leçon

« Vous trouvez-vous dans une impasse ? » Sortez-en grâce à de nouvelles métaphores !

«Je suis au bout de mon rouleau.»
«Je suis tombé sur un os.»
«J'ai la tête qui va exploser.»
«Je suis à un tournant décisif.»
«J'ai raté mon coup.»
«Je suis aux anges.»
«J'ai l'impression de me noyer.»
«Je suis heureux comme un pinson.»
«Je suis dans une impasse.»
«Je porte un lourd fardeau sur mes épaules.»
«La vie est une sinécure.»

Quel est le dénominateur commun de toutes ces déclarations? Ce sont des *métaphores*. Quel est le sens exact du terme métaphore? Lorsqu'on compare quelque chose à quelque chose d'autre de façon imagée, on emploie une métaphore. Tout comme les symboles, les métaphores résument une idée complexe. Les gens emploient constamment des métaphores pour décrire les sentiments qu'ils éprouvent.

«La vie est un champ de bataille» et «la vie est un jardin de roses» sont des métaphores qui indiquent deux façons opposées de percevoir le monde. Lorsque vous pensez que la vie est un champ de bataille, quels sentiments et quels comportements cela entraîne-t-il? Si vous aviez cette perception de la vie, vous penseriez probablement que les gens luttent perpétuellement les uns contre les autres Par contre, si vous compariez la vie à un jardin de roses, vous pourriez en conclure qu'il est possible de passer des moments délicieux, dans un paysage magnifique.

«La vie est un jeu.»

Les métaphores qui changent votre perception

Chaque métaphore représente un système de croyances. **Lorsque vous choisissez une métaphore pour décrire votre vie ou votre situation, vous choisissez également d'adopter les croyances qui y correspondent**. C'est pour cela qu'il faut faire preuve de prudence dans le choix des termes que l'on emploie pour décrire le monde – tant pour soi-même que pour les autres.

Martin Sheen et sa femme, Janet, utilisent des métaphores que j'admire. La métaphore qu'ils emploient pour décrire l'humanité est la suivante: «Une immense famille.» Par conséquent, ils se dévouent et font preuve d'une grande compassion, même envers de parfaits étrangers.

Je me souviens du moment où Martin me fit part de l'émouvante histoire qui transforma sa vie il y a quelques années, pendant le tournage du film *L'Apocalypse.* Avant cela, la vie lui faisait peur. Il la perçoit à présent comme un défi mystérieux. Pourquoi? Il a adopté la nouvelle métaphore: «La vie est une énigme».

Qu'est-ce qui a provoqué ce changement de métaphore? Une douleur intense. Le tournage du film se déroulait dans la jungle, aux Philippines. Tout le monde avait été soumis à un horaire de travail épuisant. Après avoir passé une nuit agitée, il se réveilla le lendemain et se rendit compte qu'il était en proie à une crise cardiaque. Diverses parties de son corps étaient engourdies et paralysées. Il tomba à terre; seule son incroyable force de volonté lui permit de ramper jusqu'à la porte et d'appeler à l'aide.

Grâce aux efforts que déployèrent les membres de l'équipe de tournage, les médecins et même un pilote cascadeur, Martin put être transporté en hélicoptère au département des soins intensifs de l'hôpital le plus proche. Janet se rendit immédiatement à son chevet. Les forces de Martin déclinaient rapidement. Elle refusa d'accepter qu'il se trouvait dans un état grave – elle savait que son mari avait besoin de soutien – aussi lui sourit-elle tendrement et lui dit: «Ce n'est qu'un film, chéri! Ce n'est qu'un film.»

Martin me raconta qu'il sut dès cet instant qu'il allait s'en sortir. Il était incapable de rire, mais il esquissa un faible sourire, et ce sourire marqua le début de sa guérison.

Quelle merveilleuse métaphore! Dans les films, les gens ne meurent pas vraiment, n'est-ce pas? Dans un film, c'est à *vous* de décider du dénouement.

Je vous entends d'ici me dire: «Tout ça *a l'air* formidable, mais pour l'instant, je me sens complètement coincé.» Pas de problème! Il suffit de trouver la porte de sortie et de l'ouvrir. Vous me direz peut-être: «Ouais, mais je porte le fardeau de l'humanité sur mes épaules.» Eh bien, posez votre fardeau et continuez votre chemin!

De quelle façon décririez-vous le monde où *vous* vivez? est-ce une épreuve? est-ce une lutte? et si c'était plutôt un ballet? ou un jeu? ou un jardin plein de fleurs? que se passerait-il si la vie était un ballet? Vous auriez des partenaires avec lesquels vous exécuteriez des mouvements gracieux, au son d'une musique mélodieuse. Et si la vie était un jeu? Ce serait amusant; cela vous donnerait l'occasion de jouer avec d'autres personnes; cela pourrait même signifier qu'il y a des règles – et des gagnants. Et si la vie était un jardin plein de fleurs? Pensez aux couleurs chatoyantes, à l'exquis parfum et à la beauté naturelle des fleurs! La vie vous semblerait-elle plus douce dans un tel paysage?

De quoi avez-vous besoin pour faire de votre vie *exactement* ce que vous voulez? Vous devez tout d'abord être ...

Dixième leçon

À vos marques! Prêts? Partez! Comment bâtir votre avenir en vous fixant des buts?

Lorsque les gens atteignent des objectifs extraordinaires qui auraient pu sembler irréalisables, on suppose souvent qu'ils ont eu «de la chance», «qu'ils sont bien tombés», ou «qu'ils sont nés sous une bonne étoile.» Mais j'ai interviewé un bon nombre de personnes ayant brillamment réussi et l'une des choses intéressantes que j'ai apprise, c'est que leurs incroyables prouesses ont toutes commencé par une première étape: se fixer un objectif.

Par exemple, lorsque j'ai fait la connaissance de Michael Jordan, je lui ai demandé en quoi il se distinguait des autres joueurs, et qu'est-ce qui lui avait permis de passer d'une victoire à l'autre, tant dans le monde du sport que sur le plan personnel. Comment est-il devenu le meilleur joueur au monde? était-ce un don du ciel? de l'habileté? une stratégie? Michael me répondit: «Bien des gens ont reçu des talents du Seigneur, et c'est certainement mon cas. Mais la raison pour laquelle je me suis distingué, c'est que je n'ai jamais connu quelqu'un de plus compétitif que moi. Je refuse d'arriver en seconde place, et ce, dans tous les domaines.»

Vous vous demandez probablement, tout comme moi à l'époque, d'où provenait cet esprit de compétition. La vie de Michael prit un nouveau tournant vers la fin de ses études secondaires. C'est à cette époque qu'il connut une défaite temporaire qui le motiva à poursuivre un objectif formidable. Voyez-vous, la plupart des gens ignorent le fait que Michael – baptisé «le joueur aux pieds ailés», «le super champion», «le héros américain», «l'étoile du basket-ball» – l'un des plus grands joueurs de basket-ball de tous les temps, le héros légendaire qui marqua à jamais ce sport – ne réussit même pas à faire partie de l'équipe de basket-ball de son école secondaire.

Le jour où Michael fut éliminé de l'équipe des Buccaneers de l'école secondaire Laney, il rentra chez lui et passa le reste de l'après-midi à pleurer. Il aurait facilement pu s'avouer vaincu après une telle déception. Mais il décida au contraire de transformer cette expérience douloureuse en un désir brûlant de faire ses preuves et même de se surpasser. Il prit une authentique décision, d'une importance capitale, qui forgea son destin et eut un impact considérable sur le basket-ball. Il résolut non seulement d'être accepté dans l'équipe, mais aussi de devenir le meilleur joueur.

Pour réaliser son ambition, il fit ce que font tous les hommes et les femmes qui réussissent brillamment: il se fixa un objectif et concentra toute son énergie pour l'atteindre. Il mit immédiatement à exécution son plan d'action. Au cours de l'été, il demanda conseil à l'entraîneur de l'équipe, Clifton Herring. Chaque matin, à six heures, monsieur Herring conduisit Michael au terrain de basket-ball où il lui fit subir un entraînement intensif. Vers la même époque, cet athlète en herbe connut une poussée de croissance et atteignit 1,86 m. Son ambition de parvenir à son but était telle qu'il se pendait par les bras aux barres du gymnase dans l'espoir d'étirer son corps davantage, car il espérait que cela l'aiderait à rentrer dans l'équipe. (Cela démontre bien que la force de volonté permet de se surpasser) !

Michael s'entraîna tous les jours et fut finalement admis dans l'équipe. Il prouva clairement – comme en fit la remarque l'entraîneur des Bulls de Chicago, Doug Collins, dix ans plus tard – que **plus on se prépare, plus on semble avoir de chance**. Certaines personnes ont peur de se fixer des buts car elles craignent d'être déçues ou d'échouer. Ce qu'elles ne réalisent pas, c'est qu'il est plus important de se fixer un but et de concentrer toute son énergie dans cette direction que d'atteindre l'objectif en question.

Nous nous fixons des objectifs dans le but de donner une orientation à notre vie. Mais en fin de compte, la formation que l'on acquiert et le genre de personne que l'on devient en poursuivant ces objectifs ont plus d'importance que l'objectif même.

Le fait de choisir un objectif ne changera que très peu l'orientation de votre vie au tout début. C'est comme un de ces énormes cargos en mer: si le capitaine change de cap de quelques degrés, c'est à peine perceptible au début. Mais au bout de quelques heures ou de quelques jours, ce changement mènera le bateau à une destination entièrement différente.

Il y a une dizaine d'années, alors que j'essayais de me sortir de ma situation instable, j'ai dû orienter ma vie très différemment et j'ai également dû me fixer de nombreux objectifs. Tandis que je m'efforçais de les atteindre (améliorer ma forme physique, avoir davantage confiance en moi-même, etc.), j'ai appris quelque chose d'une importance capitale: pour réussir, je devais faire de mon mieux – non pas de temps en temps, mais *constamment.*

Tous ceux qui réussissent font des efforts *continus.* Ils ne se contentent jamais de bons résultats et cherchent toujours à se surpasser. Si vous adoptez la philosophie selon laquelle on doit constamment apprendre et évoluer – ce que j'appelle «JE PEUX!» – je vous garantis que non seulement vous évoluerez sur le plan personnel – et c'est là le véritable secret du bonheur – mais aussi que vous réussirez à réaliser vos ambitions. Je tiens à vous signaler au passage que «JE PEUX!» ne signifie pas que vous exécutez chaque tâche à la perfection ni que tout changera à l'instant même. Les gens ayant brillamment réussi sont ceux qui comprennent l'importance de procéder par étapes, car selon le dicton populaire: «Qui trop embrasse, mal étreint.» En d'autres termes, ils divisent leur objectif en petits «sous-objectifs» simples, ce qui leur permet finalement de réaliser leurs ambitions. Mais il ne suffit pas de se fixer des sous-objectifs; il est important de célébrer chaque petite victoire. Cela vous permettra de continuer sur votre lancée et d'acquérir des habitudes qui vous permettront de réaliser vos rêves.

Nous connaissons tous le proverbe selon lequel: «Un périple de mille kilomètres débute par un seul pas.»

Pour se sortir d'une situation instable, il faut se fixer de nombreux objectifs.

Mais nous oublions souvent cette sage maxime lorsque nous nous fixons un but. Quand avez-vous pris la peine de vous féliciter de vos progrès, aussi mineurs fussent-ils? Il y a de nombreuses années, alors que j'étais au régime, je n'ai pas attendu de perdre vingt kilos avant de me féliciter et de m'accorder des récompenses. Au tout début, le simple fait de laisser de la nourriture dans mon assiette était une victoire majeure! Si vous commencez par consulter cinq personnes aujourd'hui au sujet de vos plans de carrière et que vous recueilliez des renseignements utiles, et bien, vous auriez déjà fait cinq pas en avant! Même si vous ne vous lancez pas dans cette carrière aujourd'hui même, vous êtes déjà dans la bonne direction. N'oubliez pas que vos actes passés n'ont rien à voir avec ce que vous entreprendrez à l'avenir.

Vous êtes seul maître à bord après Dieu. Tout dépend de vous. Fixez-vous des objectifs sans plus tarder. Commencez dès maintenant à changer le cap de votre navire, car votre avenir est là, tout près de vous.

Un avenir qui vaut la peine de travailler sans relâche

Quel est le facteur qui pousse certaines personnes à agir, même lorsqu'elles sont déprimées ou qu'elles ont peur? Comment se fait-il que certaines personnes réussissent à surmonter de formidables obstacles? Comment font-elles pour retomber chaque fois sur leurs pieds après avoir subi ce que les autres appellent une défaite?

Elles sont prêtes à se consacrer *corps et âme* à leur avenir.

Prenons l'exemple de mon ami W. Mitchell. Il fut impliqué dans un terrible accident de motocyclette. Les deux tiers de son corps étaient brûlés. Allongé sur son lit d'hôpital, il décida de trouver un moyen de se consacrer à son entourage, quel que soit l'effort que cela lui demanderait. Bien que son visage ait été si gravement brûlé qu'il était complètement défiguré, il décida que son sourire pouvait tout de même enrichir la vie de ses proches. Et il avait raison. Il était convaincu qu'il pouvait écouter les autres, les réconforter, et leur remonter le moral. Et c'est ce qu'il fit.

Quelques années plus tard, il fut impliqué cette fois-ci dans un accident d'avion et il eut les deux jambes paralysées. S'avoua-t-il vaincu? Non. Il remarqua la présence d'une belle infirmière à l'hôpital. *«Comment pourrais-je la fréquenter?»*, se demandait-il. Ses copains lui dirent qu'il était fou. Peut-être qu'en son for intérieur il était d'accord avec eux. Mais il refusa d'abandonner son rêve.

W. Mitchell était convaincu que c'était la femme de sa vie. Il fit preuve de charme, d'esprit, et de dynamisme et elle se sentit attirée par lui. Il finit par l'épouser. La plupart des gens à sa place n'auraient même pas essayé. Mais il vit grand et sa vie en fut transformée à jamais.

Comment réussit-il à bâtir son avenir coûte que coûte? Il se fixa des objectifs bien supérieurs à ce qu'il se pensait capable de réaliser. Il prit la décision d'atteindre ses buts, envers et contre tous. Il procéda par toutes petites étapes: de minuscules mouvements imperceptibles qu'il fit tous les jours avant de pouvoir se lancer dans des projets plus ambitieux. Lorsque vous choisissez un objectif qui vous inspire réellement, vous libérez une force intérieure qui vous permet d'accomplir des choses qui défient l'imagination. Vous vous donnez ainsi une occasion fantastique de vous dépasser et d'évoluer.

«Toute victoire commence par un premier pas.»

Anonyme

Nous connaissons tous des gens qui ont toujours l'air désorientés. Ils s'intéressent brièvement aux choses et changent constamment d'orientation. Leur problème est simple: ils ne savent pas ce qu'ils veulent. Il est impossible de parvenir à destination si l'on ne sait pas où l'on veut aller.

Ce que vous devez faire à présent, c'est de rêver. Mais il est essentiel que vous concentriez toute votre attention sur vos rêves. Ne vous contentez pas uniquement de lire ce livre; il faut agir. Dressez une liste de vos rêves dès maintenant.

Installez-vous dans un endroit confortable, où vous vous sentirez en sécurité et tout à fait à l'aise. Planifiez une séance d'une demi-heure minimum et réfléchissez à vos attentes, à ce que vous désirez faire, partager, voir et créer et au genre de personne que vous souhaitez devenir. Ce sera peut-être la demi-heure la plus importante de votre vie! Vous allez apprendre à vous fixer des objectifs et à vous tracer un plan d'action. Dressez-vous une carte des chemins que vous souhaitez parcourir dans la vie. C'est à vous de décider où vous voulez aller et comment faire pour vous y rendre.

Je dois tout d'abord vous donner un avertissement très important: ne vous fixez aucune limite quant à ce que vous pouvez accomplir.

Que feriez-vous si vous étiez certain de ne pas échouer? Accordez-vous un moment de réflexion et étudiez la question en détail. **Si vous étiez absolument certain de réussir, quel plan d'action vous traceriez-vous, quels projets entreprendriez-vous?**

Soyez précis. Plus vous ajoutez de détails, plus cela augmente votre puissance d'action. Au fur et à mesure que vous dressez votre liste, certaines des choses que vous inscrirez seront des choses auxquelles vous avez rêvé depuis des années, d'autres auxquelles vous n'aviez jamais pensé. Mais il est essentiel de décider ce que vous voulez vraiment, car c'est ainsi que vous pourrez enfin atteindre vos buts. **Avant qu'une chose ne se produise dans le**

monde, elle doit tout d'abord se produire dans votre esprit.

Pas de limites!

J'ai inclus quelques pages vierges à la fin de ce livre. Ce serait peut-être un outil idéal pour cette séance que vous consacrerez à vous fixer des objectifs. Passons à l'action:

1. Faites semblant que c'est la période des fêtes, le moment de l'année où l'on donne et reçoit de nombreux cadeaux! Rêvez sur grand écran, en technicolor! Inscrivez tous vos rêves, toutes les choses que vous souhaitez accomplir, posséder et partager. Visualisez le genre de personne que vous souhaitez devenir. Faites une liste des gens que vous voulez inclure dans votre vie, des sentiments que vous souhaitez éprouver, des endroits que vous voulez visiter. Asseyez-vous sans perdre une minute de plus, prenez un crayon et commencez à écrire. N'essayez pas de faire cela mentalement; **mettez tout par écrit. Ne vous imposez aucune limite**.

2. Parcourez maintenant votre liste et calculez approximativement à quelle date vous pensez atteindre ces objectifs: six mois, un an, deux ans, cinq ans, dix ans, vingt ans. Il est utile de se fixer des échéances et de savoir de combien de temps vous disposez pour chaque objectif.

Analysez le contenu de votre liste. Certains se rendent compte que leur liste est remplie de choses qu'ils désirent aujourd'hui. D'autres réalisent que leurs rêves se situent dans un avenir plus lointain, dans un monde parfait où ils connaîtront le succès et la sérénité. Mais un périple de 1000 kilomètres débute par un seul pas et il faut prendre conscience de l'importance de toutes les étapes, de la première à la dernière.

3. Une fois que vous vous serez fixé des échéances, choisissez quatre objectifs que vous pourrez atteindre *cette année*. Décidez quels sont les buts que vous êtes fermement décidé à atteindre, qui suscitent un véritable enthousiasme en vous et qui vous procureront le plus de satisfaction. Faites-en une liste séparée et inscrivez également les raisons qui font que **vous y parviendrez coûte que coûte**. Le *pourquoi* l'on désire accomplir quelque chose est beaucoup plus important que le *comment*. Si votre motivation est assez puissante, vous trouverez bien le moyen de réaliser vos ambitions.

Ne pensez pas seulement à vous; tenez compte de votre entourage. Si vous parveniez à atteindre vos buts, en quoi cela profiterait-il à votre famille et à vos amis? Si vous avez assez de raisons d'agir, vous accomplirez pratiquement tout ce que vous souhaitez sur cette terre.

4. Après avoir élaboré ce plan d'action, posez-vous la question suivante: quel genre de personne dois-je devenir pour atteindre mes objectifs. Vous faut-il faire preuve de plus de compassion ou de plus de dynamisme? Devez-vous reprendre vos études? Si, par exemple, vous souhaitiez devenir professeur, pensez au genre de personne qu'il vous faudrait être pour avoir une influence vraiment positive sur la vie des autres.

Exercez votre cerveau

L'une des règles d'or que j'observe quand je me fixe un but, je me trace immédiatement un plan d'action que je mets à exécution sans plus tarder. W. Mitchell commença à sourire aux gens le jour où il décida d'apporter quelque chose au monde. Il demanda sur-le-champ un rendez-vous galant à l'infirmière dont il était amoureux.

Mais leur idylle ne naquit pas du jour au lendemain. Vous aussi progresserez par étapes. Apprenez à devenir votre meilleur ami et ne vous critiquez pas lorsque vous ne réussissez pas immédiatement à atteindre votre but.

Et enfin «exercez votre cerveau» et faites-lui assimiler l'idée que votre but est en voie de réalisation:

- Deux fois par jour, accordez-vous quelques minutes de réflexion dans un coin tranquille et pensez à votre objectif.
- Imaginez que vous avez déjà atteint votre but. Éprouvez la fierté, le plaisir et l'enthousiasme qui accompagnent la réussite. Visualisez tous les détails plaisants. Pendant votre visualisation, mettez tous vos sens à contribution; voyez, sentez, écoutez, goûtez, touchez à votre rêve!

C'est une sensation extraordinaire, n'est-ce pas? Croyez-vous en ce que je vous raconte? Oui? Non? À moitié? J'aimerais vous prouver l'efficacité de ces outils. C'est dans ce but que j'ai conçu une espèce de jeu.

Si vous êtes prêt à respecter scrupuleusement les règles du jeu – à relever les défis avec détermination – les récompenses que vous en retirerez dépasseront vos rêves les plus fous.

Êtes-vous prêt? Alors relevons ...

Onzième leçon

Le défi mental de 10 jours

Même si vous décidez de ne pas tester l'efficacité des techniques que j'ai présentées dans ce livre, **FAITES AU MOINS CET EXERCICE!** Je l'ai baptisé le *défi mental de 10 jours.* Cette méthode m'a permis de transformer ma vie. Comment?

En m'interdisant d'entretenir des pensées négatives, j'ai réussi à exercer un contrôle sur mon esprit.

Êtes-vous prêt? Voici les règles du jeu:

1. Au cours des 10 prochaines journées, *refusez* d'entretenir tout sentiment, toute pensée, toute métaphore, toute question ou tout mot négatifs.
2. Lorsque vous vous surprendrez à vous concentrer sur des choses négatives – et cela se produira certainement – posez-vous immédiatement des questions pour améliorer votre état d'esprit. Commencez par les questions menant à la résolution de problèmes (reportez-vous à la page 67).
3. Au réveil, posez-vous les questions énergisantes du matin (reportez-vous à la page 68). Juste avant de vous coucher, posez-vous les questions énergisantes

du soir (reportez-vous à la page 69). Cela vous aidera énormément à vous mettre dans un état d'esprit positif.

4. Au cours des 10 prochains jours, concentrez-vous *entièrement* sur les solutions et non pas sur les problèmes.

5. Ne vous faites pas de reproche si une question, une pensée ou un mot négatifs vous vient à l'esprit. Changez immédiatement le cours de vos pensées. Par contre, si vous ressassez des pensées négatives pendant plus de 5 minutes, *attendez jusqu'au lendemain matin, puis recommencez votre programme pendant 10 journées consécutives.*

Prenez dès maintenant la décision d'utiliser les outils offerts dans ce livre, ce qui vous permettra d'éviter toute pensée négative au cours des 10 prochains jours.

Votre objectif est de n'entretenir aucune pensée négative pendant 10 journées *consécutives.* Chaque fois que vous ressasserez des pensées négatives pendant plus de quelques minutes, vous devrez repartir de zéro, même si vous avez déjà observé les règles du jeu pendant plusieurs jours.

Je voudrais que vous compreniez ceci: ce défi mental de 10 jours est un outil extrêmement puissant qui vous permettra d'obtenir des résultats extraordinaires! Si vous faites preuve de persévérance, vous déclencherez une chaîne interminable d'événements positifs. Voici un échantillon des bienfaits que vous pourrez en retirer:

1. Vous prendrez conscience de toutes les habitudes mentales qui entravent votre succès.

2. Cela stimulera votre cerveau et vous permettra de chercher des options intéressantes et des solutions efficaces.
3. Lorsque vous vous rendrez compte que vous êtes capable de transformer votre vie, votre confiance en vous-même s'en trouvera décuplée.
4. Cela vous permettra d'acquérir de nouvelles habitudes et de nouveaux critères. Vous aurez de nouvelles attentes face à vous-même et, une fois ce processus d'évolution personnelle enclenché, votre vie s'en trouvera grandement enrichie tous les jours!

Bienvenue à un monde plein de compassion

La première fois que j'ai tenté de relever le défi mental de 10 jours, j'ai à peine tenu le coup 2 jours! Mais je peux vous assurer qu'en me fixant des critères plus élevés et en persévérant, le défi mental de 10 jours a littéralement transformé ma vie. Je suis convaincu que si vous faites preuve de diligence, cette expérience sera tout aussi bénéfique pour vous et vous éprouverez un nouveau sentiment de liberté.

Et maintenant, j'aimerais vous proposer un autre genre de défi ... une invitation spéciale en quelque sorte.

Dès le début de ce livre, mon hypothèse de départ était que l'une des meilleures façons de résoudre nos problèmes – de créer notre propre bonheur – c'est d'aider quelqu'un qui se trouve dans une situation encore plus pénible que la nôtre. Lorsque les gens me confient à quel point leur vie est difficile et me disent que leurs problèmes sont insurmontables, la première chose que je fais c'est d'interrompre ce genre de discours qui reflète une habitude mentale profondément ancrée. Je formule une simple demande. «Je voudrais que vous *oubliiez* vos problèmes pendant un ou deux jours. Cherchez quelqu'un qui passe par des moments plus difficiles que vous et donnez un coup de main à cette personne pour améliorer «un tout petit peu» sa situation.»

En fait, lorsque je donne ce conseil, mon interlocuteur me lance souvent un regard qui veut bien dire: «Personne n'a de problèmes plus sérieux que les miens.» Mais cela n'est jamais vrai, bien sûr. Si vous avez perdu votre emploi, cherchez donc quelqu'un qui a perdu son fils ou sa fille. Si vous n'arrivez pas à joindre les deux bouts, trouvez donc quelqu'un qui lutte pour survivre dans la rue. Si vous êtes bouleversé parce que vous n'avez pas obtenu de promotion, trouvez quelqu'un qui se blottit sous un porche pour se protéger du froid et de la pluie, et qui est obligé d'aller à la soupe populaire parce qu'il n'a rien d'autre à manger. N'oubliez jamais la chance que vous avez.

Par ailleurs, il y a de fortes probabilités que bien des gens vivent des moments beaucoup plus pénibles que vous en ce moment même. En leur tendant la main, vous accomplirez deux choses:

1) Cela vous permettra de mettre vos problèmes en perspective. Le fardeau que vous portez vous semblera moins lourd en comparaison et vous comprendrez le remarquable courage dont font preuve les gens lorsqu'ils se trouvent face à de formidables obstacles. 2) Même si vous ne réussissez pas à «résoudre» le problème, même si tout ce que vous pouvez faire, c'est d'écouter et de réconforter la personne en question, vous verrez que tout ce que l'on donne nous est rendu au centuple. Je ne parle pas ici d'obtenir des récompenses pour nos efforts. Je fais référence à l'expression de l'un des besoins primordiaux de l'espèce humaine: le besoin de donner, de faire sa part. Le fait de donner sans compter et de faire preuve d'altruisme vous procurera une immense satisfaction et vous permettra de vous épanouir.

Comment faut-il s'y prendre? Est-ce difficile? Pas le moins du monde! Au cours des prochaines 24 heures – ou du moins au cours de la semaine prochaine – offrez votre aide et votre soutien à un inconnu, ne serait-ce que pendant quelques heures. Vous pourriez, dès demain, chercher dans l'annuaire le numéro de téléphone d'une maison de convalescence ou d'une maison de retraités. Lorsque vous rentrerez chez vous à la fin de la journée, au lieu de rester coincé dans les embouteillages, vous pourriez faire un saut là-bas, vous présenter au responsable et demander à rendre visite à quelqu'un qui n'a pas reçu de visite depuis longtemps. Vous pourriez demander à voir quelqu'un qui n'a aucune famille, ou bien quelqu'un qui ne reçoit jamais de visite de sa famille. Lorsque vous vous présentez pour la première fois, faites un grand sourire et dites: «Bonjour, Pierre!» Si Pierre est aussi heureux de faire votre connaissance que vous, pourquoi ne pas lui donner une accolade? Passez une petite heure à ses côtés, à parler tout simplement. Renseignez-vous sur sa vie et sur ses intérêts. Quel effet pensez-vous que votre visite aurait sur un individu seul et isolé qui verrait un parfait étranger s'intéresser à lui? Ou mieux encore, quel effet croyez-vous que cela aurait sur vous?

Tout au moins, cela vous fera prendre conscience du genre de personne que vous êtes réellement, et cela vous donnera une perspective différente de vos problèmes. Cet acte, aussi simple soit-il, répondra au besoin le plus noble de la race humaine: créer des liens et faire sa part. Cette expérience vous transformera. Prenez donc le temps de donner de votre personne... et vous connaîtrez la satisfaction qu'éprouvent ceux qui savent donner sans aucun motif ultérieur, par simple altruisme.

Nous arrivons au terme de notre rencontre, aussi, je voudrais vous demander une faveur personnelle. Promettez-moi que vous prendrez bien soin de vous. Il faut d'abord s'occuper de soi avant de pouvoir aider les autres. Faites plus que vous occuper de vous-même. Bâtissez-vous une vie extraordinaire – c'est-à-dire une vie ordinaire à laquelle vous aurez su ajouter quelques ingrédients simples: le dévouement, l'engagement, et l'amour.

Je vous prie également de bien vouloir m'écrire pour me faire part de ce que vous avez retiré de ce petit ouvrage, des techniques que vous avez acquises pour améliorer votre vie ou celle des autres. Ce serait un plaisir pour moi que d'établir un contact direct avec vous. En attendant...

> *«Que la route vous soit agréable. Que le vent vous soit toujours favorable. Que le soleil caresse votre visage, que la pluie arrose doucement vos champs, et, d'ici à notre prochaine rencontre, que Dieu vous tienne avec bienveillance dans la paume de Sa main.»*
>
> Ancienne bénédiction irlandaise

Au revoir et que Dieu vous protège,

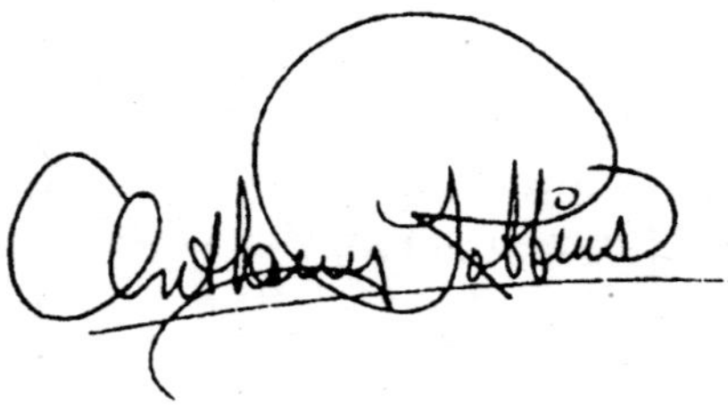

Anthony Robbins

Épilogue

Vous trouverez de plus amples renseignements concernant les idées exprimées ici dans le best-seller d'Anthony Robbins, intitulé: *L'Éveil de votre puissance intérieure*

Veuillez vous reporter aux chapitres suivants:

Chapitre 2	Les décisions: le chemin du pouvoir
Chapitre 4	Les systèmes de croyance: le pouvoir de créer et de détruire
Chapitre 7	Comment obtenir ce que vous voulez vraiment
Chapitre 8	Les questions sont l'outil par excellence
Chapitre 9	Le vocabulaire de l'ultime succès
Chapitre 10	Surmontez les obstacles, abattez les murs et prenez votre envol vers le succès: le pouvoir des métaphores
Chapitre 12	Une magnifique obsession: un avenir extraordinaire
Chapitre 13	Un défi à relever en 10 jours»

Pour plus de renseignements concernant de nouvelles habitudes alimentaires et une énergie accrue, veuillez vous reporter au chapitre 10, intitulé: «L'énergie: le carburant de l'excellence», dans le premier ouvrage d'Anthony Robbins: *Pouvoir illimité.*

Quelques mots à propos de l'auteur

Anthony Robbins a consacré plus de la moitié de sa vie à aider les autres à découvrir et à développer les merveilleuses qualités qui les rendent uniques. Considéré comme chef de file dans le domaine des performances de très haut niveau, il est fondateur et président des entreprises Anthony Robbins dont la mission est d'aider les gens à réaliser leur potentiel sur le plan personnel et professionnel.

Monsieur Robbins a été consulté à titre d'expert-conseil par des entreprises aussi connues qu'IBM, AT&T, American Express, McDonnell-Douglas, par l'armée américaine, ainsi que par des équipes sportives professionnelles telles que les Dodgers de Los Angeles, les Kings de Los Angeles, l'équipe du voilier America[3] lors de la course de voiliers pour la Coupe America, ainsi que par des champions ayant remporté des médailles d'or aux Jeux olympiques. Monsieur Robbins est aussi expert-conseil auprès de célébrités mondiales et conseiller principal dans le cadre du projet de revitalisation de Sheffield, la quatrième ville principale de l'Angleterre.

Monsieur Robbins se consacre avec passion à la mission qu'il s'est fixé: améliorer le monde en aidant les gens à devenir maîtres de leur destinée – qu'il s'agisse d'établir des relations harmonieuses avec leur famille, de concentrer leur énergie sur la réalisation de leurs objectifs, d'améliorer leur état affectif ou leur situation financière, ou de contribuer au bien-être de leur collectivité ou de leur pays.

Depuis de nombreuses années, il consacre généreusement son énergie et ses ressources aux personnes dans le besoin. En 1991, il a fondé une organisation à but non lucratif dans le but d'aider les enfants issus de milieux défavorisés, les sans-abri, les gens âgés et les prisonniers.

Monsieur Robbins a 35 ans et vit à Del Mar, en Californie, avec sa femme et ses enfants.

Quelques mots à propos de la Fondation Anthony Robbins

La fondation Anthony Robbins est une organisation à but non lucratif dont la mission est d'aider constamment les sans-abri, les enfants issus de milieux défavorisés, les personnes âgées et les prisonniers. Tous ceux qui participent aux efforts de la Fondation fournissent d'excellentes ressources visant à inspirer, éduquer et former ces membres importants de notre société.

La réalisation d'une vision

Cette fondation est la consécration du plus grand rêve d'Anthony Robbins. Philanthrope depuis l'âge de 18 ans, il a longtemps collaboré avec l'Armée du Salut dans le district sud du Bronx et à Brooklyn, à New York, ainsi qu'avec des sans-abri à Hawaii et dans la région de San Diego. (Monsieur Robbins s'est engagé personnellement à fournir les fonds nécessaires au budget annuel d'une agence de services sociaux dans le comté nord de San Diego).

Le programme de bourses d'études «Les champions de l'excellence»

Le programme de bourses d'études «Les champions de l'excellence» est l'un des projets conçu par la Fondation qui se révèle une grande source d'inspiration.

En 1991, alors que monsieur Robbins visitait une école élémentaire à Houston au Texas, il fut tellement touché par le désir d'apprendre des élèves et par le dévouement des professeurs et du personnel de l'école, qu'il s'engagea à défrayer les coûts des études universitaires de tous les élèves en dernière année du primaire qui réussiraient à obtenir un pourcentage donné pendant toutes leurs études secondaires. Les candidats devaient s'engager à faire une moyenne de 43 heures de service communautaire par an jusqu'à la fin de leurs études universitaires et devaient également répondre à une série d'autres critères d'excellence sur le plan scolaire et personnel.

D'ailleurs, ce programme fut couronné de succès. Les élèves que monsieur Robbins s'était engagé à aider, apprirent à servir la société et travaillèrent à titre bénévole dans diverses organisations. Ils donnèrent des cours particuliers à leurs camarades de classe, s'occupèrent de personnes âgées dans des foyers de soins infirmiers, travaillèrent dans des centres d'hébergement et participèrent à de nombreuses autres initiatives philanthropiques.

«La Brigade des paniers du jour de l'Action de grâce»

En hommage à l'esprit de générosité de leurs semblables dont sa famille put profiter en ce fameux jour d'Action de grâce, alors que monsieur Robbins avait 11 ans, il décida d'observer cette tradition et déploya des efforts, de concert avec les membres de sa famille et ses amis, afin de distribuer des aliments et d'autres provisions aux personnes dans le besoin. Depuis la création de la Fondation Anthony Robbins, en 1991, l'un des accomplissements les plus remarquables a été de transformer cette initiative personnelle en un programme transcontinental, baptisé «La Brigade des paniers du jour de l'Action de grâce». La Brigade est composée d'un réseau de bénévoles et distribue chaque année de la nourriture, des vêtements et d'autres ressources aux familles dans le besoin. En 1993, la Brigade a pu servir 100 000 familles, réparties dans plus de 400 collectivités, aux États-Unis et au Canada.

Le défi

La vie est un don du ciel et tous ceux qui en ont la possibilité, doivent se rappeler que nous avons tous la responsabilité de rendre ce qui nous a été donné et de faire preuve de générosité. Votre contribution sera grandement appréciée. Joignez-vous à notre équipe et engagez-vous à aider les personnes défavorisées à jouir d'une meilleure qualité de vie.

La Fondation remplit donc sa mission par le biais de ces programmes et d'autres initiatives semblables. Tous ceux qui sont intéressés à obtenir plus de renseignements au sujet de la Fondation sont priés d'écrire à l'adresse ci-dessous, ou encore de téléphoner au 1-800-445-8183

FONDATION ANTHONY ROBBINS
9191 Towne Centre Dr.
Bureau 600
San Diego, CA 92122

La Fondation Anthony Robbins est une organisation à but non lucratif, exonérée d'impôts. Toute contribution à la Fondation est déductible du revenu imposable.

Quelques mots au sujet des entreprises Anthony Robbins

Les entreprises Anthony Robbins (ARC) sont un organisme ombrelle regroupant diverses organisations qui s'acquittent de la même mission et se consacrent sans relâche à améliorer la qualité de vie des individus et celle des membres des organisations qui le désirent réellement. ARC offrent des techniques de pointe dans la gestion du comportement humain et des émotions, permettant ainsi aux individus de découvrir la gamme infinie des choix qui s'offrent à eux et de *mettre en pratique* ces nouvelles méthodes.

Robbins Research International, Inc.

Cette branche des entreprises Anthony Robbins se consacre à la recherche et à la mise en marché. Le RRI offre des séminaires destinés au grand public et aux entreprises dans le monde entier. On y aborde une vaste gamme de sujets, tels que les performances de très haut niveau, la saine gestion financière, les stratégies de négociation et la restructuration de sociétés.

Mastery University est l'un des projets éducatifs du RRI qui a remporté le plus vif succès. Ce cours portant sur l'acquisition d'habiletés de leadership est divisé en trois modules; il est offert toute l'année dans divers sites de toute beauté. Le corps professoral de Mastery University est hautement qualifié. On compte parmi les conférenciers de l'université, le général Norman Schwarzkopf qui y a présenté un cours sur le leadership, le docteur Deepak Chopra qui y a donné un cours sur le lien entre la santé et l'esprit. Monsieur Peter Lynch et Sir John Templeton y ont donné un cours portant sur la finance. L'université a reçu des étudiants provenant de 42 nations.

Anthony Robbins & Associés

Ce réseau de distributeurs et de franchisage offre des séminaires multimédias à des collectivités et des entreprises, à l'échelle mondiale.

L'achat d'une franchise *Anthony Robbins & Associés* donne à ses propriétaires l'occasion d'être une véritable source d'inspiration et de contribuer à l'évolution personnelle des membres de leur collectivité. *Anthony Robbins & Associés* offre à ses détenteurs de franchises la formation et le soutien qui leur permettront de bâtir une entreprise capable de jouer un rôle positif dans la vie des gens, et assure leur présence sur le marché.

Robbins Success Systems^MC

Robbins Success Systems^MC (RSS) offre aux plus prestigieuses entreprises des États-Unis des systèmes de gestion d'avant-garde, des techniques de communication et des séminaires de formation permettant d'acquérir des méthodes pour travailler en équipe. L'équipe du RSS offre des services de qualité : analyse préalable, techniques d'animation et de formation conçues selon les besoins particuliers de chaque client, évaluation de fin de programme et suivi. RSS élabore ses programmes en fonction des objectifs précis de chacun et peut parfaitement répondre à vos besoins. RSS s'est donné comme mission d'améliorer constamment le climat de travail des entreprises à l'échelle internationale.

Fortune Practice Management

Cette entreprise offre aux professionnels de la santé une gamme complète de services, incluant des stratégies essentielles et le soutien nécessaire pour améliorer la qualité des services et maximiser la rentabilité de leur cabinet. Fortune Practice Management se consacre à améliorer la qualité des soins de santé et la qualité de vie des praticiens.

Site de villégiature dans la plantation de Namale

Depuis de nombreuses années, la famille Robbins s'est réfugiée aux îles Fidji, un endroit magnifique où la recherche du bonheur est la principale préoccupation des habitants. Vous pouvez aussi faire un séjour au paradis privé des Robbins, un domaine de 60 hectares, situé sur une île tropicale, parsemé de plages vierges, de magnifiques récifs de coraux, de caves souterraines et de chutes d'eau. Vous pourrez faire de la plongée sous-marine, du ski nautique, vous reposer sur la plage, faire du cheval, ou jouer au tennis, au basket-ball ou au volley-ball, ou vous ébattre sous une cascade d'eau fraîche. Venez baigner dans l'atmosphère chaleureuse et la joie de vivre qui règnent aux îles Fidji, et découvrez la musique typique de ses habitants!

Nous ne pouvons pas recevoir plus de 20 personnes à la fois dans ce magnifique paradis tropical. Votre perception du monde – et de vous-même – changera à tout jamais après un séjour à Namale. Si vous souhaitez visiter ce splendide lieu de villégiature, pour obtenir plus de renseignements, faire des réservations ou vous procurer la liste détaillée de tous les services qu'offrent les entreprises Anthony Robbins, veuillez téléphoner au 1-800-445-8183.

Chez le même éditeur:

Liste des livres en vente :

52 cartes d'affirmations, *Catherine Ponder*
52 étapes pour atteindre le succès, *Napoleon Hill*
52 façons de développer son estime personnelle et sa confiance en soi, *Catherine E. Rollins*
52 façons simples d'aider votre enfant à s'aimer et à avoir confiance en lui, *Jan Lynette Dargatz*
52 façons simples de dire «Je t'aime» à votre enfant, *Jan Lynette Dargatz*
1001 maximes de motivation, *Sang H. Kim*
Accomplissez des miracles, *Napoleon Hill*
Agenda du Succès *(formats courant et de poche), éditions Un monde différent*
Aidez les gens à devenir meilleurs, *Alan Loy McGinnis*
À la conquête du succès, *Samuel A. Cypert*
À la recherche d'un équilibre: une stratégie antistress, *Lise Langevin Hogue*
Ange de l'espoir (L'), *Og Mandino*
À propos de..., *Manuel Hurtubise*
Apprivoiser ses peurs, *Agathe Bernier*
Arrêtez d'avoir peur et croyez au succès!, *Jean-Guy Leboeuf*
Arrêtez la terre de tourner, je veux descendre!, *Murray Banks*
Ascension de l'empire Marriott (L'), *J.W. Marriott et Kathi Ann Brown*
Attirez la prospérité, *Robert Griswold*
Attitude d'un gagnant, *Denis Waitley*
Attitude gagnante: la clef de votre réussite personnelle (Une), *John C. Maxwell*
Attitudes pour être heureux, *Robert H. Schuller*
Au cas où vous croiriez être normal, *Murray Banks*
Bien vivre sa retraite : l'art de profiter de ses temps libres, et la vie affective et sexuelle à la retraite, *Jean-Luc Falardeau et Denise Badeau*
Bonheur et autres mystères (Le), *Marc Fisher*
Capitalisme avec compassion (Le), *Rich DeVos*
Cartes de motivation, *Un monde différent*
Ces forces en soi, *Barbara Berger*
Cœur à Cœur, l'audace de Vivre Grand, *Thierry Schneider*
Comment contrôler votre temps et votre vie, *Alan Lakein*
Comment réussir l'empowerment dans votre organisation? *John P. Carlos, Alan Randolp et Ken Blanchard*
Comment se fixer des buts et les atteindre, *Jack E. Addington*
Comment vaincre un complexe d'infériorité, *Murray Banks*
Comment vivre avec soi-même, *Murray Banks*
Communiquer: Un art qui s'apprend, *Lise Langevin Hogue*
Créé pour vivre, *Colin Turner*
Créez votre propre joie intérieure, *Renee Hatfield*
Dauphin, l'histoire d'un rêveur (Le), *Sergio Bambaren*
Débordez d'énergie au travail et à la maison, *Nicole Fecteau-Demers*
Découvrez le diamant brut en vous, *Barry J. Farber*
Découverte par le Rêve (La), *Nicole Gratton*
Découvrez votre mission personnelle par les signes de jour et par les rêves de nuit, *Nicole Gratton*
De l'échec au succès, *Frank Bettger*
De la part d'un ami, *Anthony Robbins*
Dépassement total, *Zig Ziglar*
Développez habilement vos relations humaines, *Leslie T. Giblin*
Développez votre confiance et votre puissance avec les gens, *Leslie T. Giblin*
Développez votre leadership, *John C. Maxwell*
Devenez la personne que vous rêvez d'être, *Robert H. Schuller*
Devenez une personne d'influence, *John C. Maxwell* et *Jim Dornan*
Devenir maître motivateur, *Mark Victor Hansen et Joe Batten*
Dites oui à votre potentiel, *Skip Ross*
Dix commandements pour une vie meilleure, *Og Mandino*
Échelons de la réussite (Les), *Ralph Ransom*
Elle et lui une union à protéger, *Willard F. Harley*
En route vers la qualité totale par l'excellence de soi, *André Quéré*
En route vers le succès, *Rosaire Desrosby*
Enthousiasme fait la différence (L'), *Norman Vincent Peale*
Entre deux vies, *Joel L. Whitton et Joe Fisher*
Envol du fabuleux voyage (L'), *Louis A. Tartaglia*
Esprit qui anime les gagnants (L'), *Art Garner*
Être à l'écoute de son guide intérieur, *Lee Coit*
Eurêka!, *Colin Turner*
Éveillez votre pouvoir intérieur, *Rex Johnson et David Swindley*
Évoluer vers le bonheur intérieur permanent, *Nicole Pépin*
Faites la paix avec vous-même, *Ruth Fishel*
Fonceur (Le), *Peter B. Kyne*
Gestion du temps (La), *Danielle DeGarie*
Hectares de diamants (Des), *Russell H. Conwell*

Homme est le reflet de ses pensées (L'), *James Allen*
Homme le plus riche de Babylone (L'), *George S. Clason*
Il faut le croire pour le voir, *Wayne W. Dyer*
Illusion de l'ego (L'), *Chuck Okerstrom*
Je vous défie!, *William H. Danforth*
Journal d'un homme à succès, *Jim Paluch*
Leader, avez-vous ce qu'il faut ?, *John C. Maxwell*
Légende des manuscrits en or (La), *Glenn Bland*
Livre des secrets (Le), *Robert J. Petro* et *Therese A. FInch*
Livre d'or de l'optimiste (Le), *parrainé par Véronique Cloutier*
Livre d'or des relations humaines (Le), *parrainé par Pierre Lalonde*
Livre d'or du bonheur (Le), *parrainé par Diane et Paolo Noël*
Livre d'or du gagnant (Le), *parrainé par Manuel Hurtubise*
Lois dynamiques de la prospérité (Les), *Catherine Ponder*
Magie de penser succès (La), *David J. Schwartz*
Magie de s'autodiriger (La), *David J. Schwartz*
Magie de voir grand (La), *David J. Schwartz*
Maître (Le), *Og Mandino*
Maîtrisez vos comportements sans les faire subir aux autres, *Robert A. Schuller*
Marketing de réseaux, un mode de vie (Le), *Janusz Szajna*
Même les aigles ont besoin d'une poussée, *David McNally*
Mémorandum de Dieu (Le), *Og Mandino*
Mes valeurs, mon temps, ma vie!, *Hyrum W. Smith*
Moine qui vendit sa Ferrari (Le), *Robin S. Sharma*
Motivation par l'action (La), *Jack Stanley*
Napoleon Hill et l'attitude mentale positive, *Michael J. Ritt*
Naufrage intérieur, le vrai Titanic, *Richard Durand*
Objectif : Réussir sa vie et dans la vie!, *Richard Durand*
Oser... L'Amour dans tous ses états!, *Pierrette Dotrice*
Osez Gagner, *Mark Victor Hansen et Jack Canfield*
Ouverture du cœur (L'), *Marc Fisher*
Ouvrez votre esprit pour recevoir, *Catherine Ponder*
Ouvrez-vous à la prospérité, *Catherine Ponder*
Paradigmes (Les), *Joel A. Baker*
Pardon, guide pour la guérison de l'âme (Le), *Marie-Lou et Claude*
Parfum d'amour, *Agathe Bernier*
Pensée positive (La), *Norman Vincent Peale*
Pensez du bien de vous-même, *Ruth Fishel*
Pensez en gagnant!, *Walter Doyle Staples*
Pensez possibilités, *Robert H. Schuller*
Performance maximum, *Zig Ziglar*
Personnalité plus, *Florence Littauer*
Plus grand miracle du monde (Le), *Og Mandino*
Plus grand mystère du monde (Le), *Og Mandino*
Plus grand secret du monde (Le), *Og Mandino*
Plus grand succès du monde (Le), *Og Mandino*
Plus grand vendeur du monde (Le), *Og Mandino*
Pourquoi se contenter de la moyenne quand on peut exceller?, *John L. Mason*
Pouvoir de la pensée positive (Le), *Eric Fellman*
Pouvoir de la persuasion (Le), *Napoleon Hill*
Pouvoir de vendre (Le), *José Silva et Ed Bernd fils*
Pouvoir triomphant de l'amour (Le), *Catherine Ponder*
Prenez du temps pour vous-même, *Ruth Fishel*
Prenez rendez-vous avec vous-même, *Ruth Fishel*
Progresser à pas de géant, *Anthony Robbins*
Provoquez le leadership, *John C. Maxwell*
Puissance d'une vision (La), *Kevin McCarthy*
Quand on veut, on peut!, *Norman Vincent Peale*
Que faire en attendant le psy?, *Murray Banks*
Réincarnation : il faut s'informer (La), *Joe Fisher*
Relations humaines, secret de la réussite (Les), *Elmer Wheeler*
Rendez-vous au sommet, *Zig Ziglar*
Retour du chiffonnier (Le), *Og Mandino*
Réussir à tout prix, *Elmer Wheeler*
Réussir grâce à la confiance en soi, *Beverly Nadler*
Rêves d'amour (Les), *Nicole Gratton*
Roue de la sagesse (La), *Angelika Clubb*
Route de la vie (La), *Carolle Anne Dessureault*
Sagesse du moine qui vendit sa Ferrari (La), *Robin S. Sharma*
S'aimer soi-même, *Robert H. Schuller*
Saisons du succès (Les), *Denis Waitley*
Sans peur et sans relâche, *Joe Tye*
Se connaître et mieux vivre, *Monique Lussier*
Secret est dans le plaisir (Le), *Marguerite Wolfe*
Secret d'un homme riche (Le), *Ken Roberts*
Secret d'une prospérité illimitée (Le), *Catherine Ponder*
Secrets de la confiance en soi (Les), *Robert Anthony*
Secrets de la vente professionnelle, *Jean-Guy Leboeuf*

Secrets d'une vie magique, *Pat Williams*
Semainier du Succès (Le), *éditions Un monde différent ltée*
S.O.S. à l'amour, *Willard F. Harley, fils*
Souriez à la vie, *Zig Ziglar*
Sport versus affaires, *Don Shula et Ken Blanchard*
Stratégies de prospérité, *Jim Rohn*
Stratégies pour communiquer efficacement, *Vera N. Held*
Stress : Lâchez prise! (Le), *Guy Finley*
Succès d'après la méthode de Glenn Bland (Le), *Glenn Bland*
Succès n'est pas le fruit du hasard (Le), *Tommy Newberry*
Télépsychique (La), *Joseph Murphy*
Tiger Woods : La griffe d'un champion, *Earl Woods et Pete McDaniel*
Tout est possible, *Robert H. Schuller*
Un, *Richard Bach*
Vaincre les obstacles de la vie, *Gerry Robert*
Vente : Étape par étape (La), *Frank Bettger*
Vente : Une excellente façon de s'enrichir (La), *Joe Gandolfo*
Vie est magnifique (La), *Charlie «T.» Jones*
Visez la victoire, *Lanny Bassham*
Vivre au coeur de la tornade, *Diane Desaulniers et Esther Matte*
Vivre Grand: développez votre confiance jusqu'à l'audace, *Thierry Schneider*
Votre droit absolu à la richesse, *Joseph Murphy*
Votre force intérieure = T.N.T, *Claude M. Bristol et Harold Sherman*
Votre liberté financière grâce au marketing par réseaux, *André Blanchard*
Vous êtes unique, ne devenez pas une copie!, *John L. Mason*

Liste des cassettes audio en vente :
Après la pluie, le beau temps!, *Robert H. Schuller*
Arrêtez d'avoir peur et croyez au succès!, *Jean-Guy Leboeuf*
Assurez-vous de gagner, *Denis Waitley*
Atteindre votre plein potentiel, *Norman Vincent Peale*
Attitude d'un gagnant, *Denis Waitley*
Comment attirer l'argent, *Joseph Murphy*
Comment contrôler votre temps et votre vie, *Alan Lakein*
Comment se fixer des buts et les atteindre, *Jack E. Addington*
Communiquer: Un art qui s'apprend, *Lise Langevin Hogue*
Créez l'abondance, *Deepak Chopra*
De l'échec au succès, *Frank Bettger*
Dites oui à votre potentiel, *Skip Ross*
Dix commandements pour une vie meilleure, *Og Mandino*
Fortune à votre portée (La), *Russell H. Conwell*
Homme est le reflet de ses pensées (L'), *James Allen*
Intelligence émotionnelle (L'), *Daniel Goleman*
Je vous défie!, *William H. Danforth*
Lâchez prise!, *Guy Finley*
Lois dynamiques de la prospérité (Les), (2 parties) *Catherine Ponder*
Magie de croire (La), *Claude M. Bristol*
Magie de penser succès (La), *David J. Schwartz*
Magie de voir grand (La), *David J. Schwartz*
Maigrir par autosuggestion, *Brigitte Thériault*
Mémorandum de Dieu (Le), *Og Mandino*
Menez la parade!, *John Haggai*
Pensez en gagnant!, *Walter Doyle Staples*
Performance maximum, *Zig Ziglar*
Plus grand vendeur du monde (Le), (2 parties) *Og Mandino*
Pouvoir de l'optimisme (Le), *Alan Loy McGinnis*
Psychocybernétique (La), *Maxwell Maltz*
Puissance de votre subconscient (La), (2 parties) *Joseph Murphy*
Rendez-vous au sommet, *Zig Ziglar*
Réussir grâce à la confiance en soi, *Beverly Nadler*
Secret de la vie plus facile (Le), *Brigitte Thériault*
Secrets pour conclure la vente (Les), *Zig Ziglar*
Se guérir soi-même, *Brigitte Thériault*
Sept Lois spirituelles du succès (Les), *Deepak Chopra*
Votre plus grand pouvoir, *J. Martin Kobe*

En vente chez votre libraire ou à la maison d'édition
Prix sujets à changement sans préavis

Notes

Notes

Notes

Notes

Notes